韓国の借金経済

シンシアリー
SincereLEE

はじめに

お久しぶりです、または初めてお目にかかります。私はシンシアリーという筆名を使っている者で、韓国で歯科医師をやっていましたが、十数年前から、当時の日本にはあまり知られていなかった韓国社会の歪《ゆが》み、特に「反日思想」についてブログを書くようになりました。併合時代を生きた母から聞いた日本の姿と、反日思想の中の日本の姿が、あまりにも乖離《かいり》していたからです。

たとえば、1980年代、まだ慰安婦という言葉が普通に「売春する女性」という意味だった頃、母から「街で賑やかに女性を『募集』していた」という話を聞いたことがあります。それと、1990年代になって韓国が騒ぐようになった、性奴隷としての慰安婦の話は、あまりにもかけ離れたものでした。

そんなことを書いていたら、扶桑社の方々のおかげで、こうして本を書くこともできるようになりました。そして、いまは日本某所に住んでおります。人生とは不思議なものだな、と改めて思わずにはいられない、今日この頃です。

さて、本書のメインテーマは、韓国内の経済関連です。最近、1人あたりのGDP（国内総生産）で日本を超えるとか、事実上の8大強国になったという意味で「G8」と自称したり、いろいろと自慢事が増えた韓国ですが、実は、1997年の経済破綻《はたん》を経て、2000年代になってからの韓国の経済発展は、民間の「債務」、借金による成長でした。

韓国の場合、民間が債務を負う形で危機（経済破綻）を乗り越えたので、政府が債務を負う形で乗り越えた日本に比べると、政府債務はさほど問題になっていません。ただ、民間、すなわち個人と法人（企業）においては、すでに債務が限界に達しており、最近の金利引き上げにより、その「砂上の楼閣《ろうかく》」としての姿が顕《あきら》かになってきました。

日本とは関係ないと思われるかもしれませんが、そうでもありません。日本ではあまり報じられない「情報」としての側面もありますが、この借金の背景には、反日思想とも通じている、「序列意識」「恨（ハン）」、そして「私以外の誰かが悪い」とする特有の感覚が存在しています。そして、これまた反日思想の一角を占める「優秀な民族」という教育が、理想と現実の差という姿で、若い人たちの「借金して、成功してやる」という流れを加速させています。

このように、本書は、経済・金融関連で多くのデータを提示すると同時に、それぞれの章で「その背景にある心理」について書いていく、そんな本です。

経済専門書籍を期待された方々には物足りない内容かもしれませんが、いつもの私の持論、「誰にも迎合せず、自分で考えていることを自分に率直に書く」に恥じないよう、まとめました。結構重い内容が続きますが、ぜひ、最後のページまでご一緒できればと願ってやみません。

シンシアリー

２０２３年　冬　日本某所にて

目次

目次

第二章　韓国の社会問題「ヨンクル」の末路

目次

第三章　歴代最低の出生率と「半地下」の因果関係

第四章　韓国人の消費を促す「謎の自信」

第五章　韓国　薄氷の「企業債務」

終章　そのお金はどこから来たのか？

序章　たとえば、マンションを買うとしたら?

●家のローンは所得のどれくらいを占めるか

さて、いきなりお金の話で恐縮ですが、皆さまは、なにかの形でローンを組むなら、たとえば家を買うなら、その返済に、所得のどれぐらいまで使っていいとお考えですか。個人的には、3割までならいいかな、と思っています。この話をブログに書いたこともありますが、コメント欄を読んでみると、20%~30%の間が「普通」でした。では、韓国では、どれぐらいになっているのでしょうか。

韓国で住宅と言っても、ほとんどはアパート(マンション)です。しかも、結構広い団地型のもの。このマンション文化の不思議を研究した地理学者ヴァレリー・ジェルゾ(Valérie Gelézeau)さんは、初めて韓国のマンション団地(同じものが並んでいる風景)を見て、それが人が住むものだとは思えず、「ああ、北朝鮮がせめてきたら、あれを倒して防ぐのか」と思ったそうです。飛行機が着陸するために高度を下げると、山とマンション団地しか見えないという話はよく聞きますが、さすがに外国人には不思議に見えたのでしょう。

では、韓国でそれらマンションを、「ローンを組んで、買った」人たちは、元利金の返済に、彼らの所得のどれぐらいを使っているのでしょうか。たくさん建っているから安いというわけでもなく、ソウルに住むには10億ウォン（約1億円）はあたりまえの、あのマンションを買った人たちは。

ネットなどで韓国関連情報をチェックされる方なら、「これは、前にデータが出ていたはず」と思われるかもしれません。韓国でも２０２２年10月あたりから、このような記事が大幅に増えたからです。でも、ちょっと意外なことに、ありそうでなかったというか、「家を買った人たち」に限ったデータは、２０２２年12月26日になってやっと報じられるようになりました。

家計債務全般に関しては、また後でＤＳＲ（所得のどれぐらいを債務返済に使っているのかの比率）データを取り上げますが、ここではまず、家を買った人たちだけに範囲を絞ってみますと、彼らは所得の60・6％（平均）を元利金返済に使っている、との結果になりました。これは中央銀行のデータを分析した結果で、２０２２年９月末基準のものです。10月と11月の金利引き上げの分は反映されていないので、いまはさらに増えたと見るべきでしょう。

ローンを組み、家を買ったのか車を買ったのか明確に分けることはできません。ですが、住宅を購入するためローンを組んだ場合、その住宅をそのまま担保にするのは一般的なので、住宅担保ローンを組んだ人、または住宅担保ローンと信用ローン（担保なしローン）を同時に組んだ人のデータだけ調べてみると、大まかに「家を購入した人は、元利金の返済に所得のどれぐらいを使っているのか」が分かるようになる、という趣旨です。

●韓国で住宅ローンが占める割合は70％の危険域に突入

このデータで特に注目すべきは、住宅担保ローンと信用ローンの両方を同時に組んでいる人の場合、同じく２０２２年９月末基準で70％（ＤＳＲ70％）を超えている点です。ＤＳＲ70％なら、これは「税金、最低限の生活費、借金の返済」以外は、お金が残らないという意味になります。先にも書きましたが住宅担保ローンの60％も、繰り返しになりますが、10月に０・５％ポイント、11月に０・２５％ポイント、それぞれ基準金利が上がりましたので、２０２３年の早いうちに70％を超えることになるでしょう。

本書を読んでくださっている貴方は、住宅ローンに所得の60％を使っていると仮定すると、生活はどうなりますか？　韓国で家をローンで購入した人たちが、「そんな」状態です。家を現金払いで買う人はそういないでしょう。個人的に、これは十分「危険域」だと見ています。

第一章　韓国人いわく「借金は資産である」

●韓国人20代の夢は、「マンションを買えば貴族になれる」

韓国で、各種「債務」問題が、国家そのもののリスクとして警告されています。いえ、詳しくは、「10年以上前から警告されてきたけど、特に強く警告されるようになった」という、笑えない状態です。

結論から先に書きましょうか。韓国の、「借金は資産である」とする勘違い経済が、限界を迎えつつあります。政府債務はまださほど問題になるレベルではありませんが、民間、すなわち経済3大主体である政府・法人・個人のうち、政府以外の「家計（個人）」と「企業（法人）」の借金で支えられてきた経済構造が、悲鳴を上げています。

国家の財政が破綻《はたん》するという意味ではありません。本書は、○月○日に韓国はモラトリウムを宣言するであろう、懺悔《ざんげ》せよ、そんな予言書ではありません。サムスン電子など世界的な企業がすぐに潰れるという意味でもないし、数億円の金融資産を持っている人たちがいますぐホームレスになるという意味でもありません。

ただ、本書で述べたいのは、借金経済はもう限界に来ていること、そして、これからそれが表向きに回復するように見えても、あまりにも多くの副作用を深く、そして長く残すことになるだろう、という趣旨です。

「深く」と思うのは、青年層、20代、30代の人たちが、いまから崩れていくであろう借金経済の「悪い意味での主役」になってしまったからです。一部の青年たちは「マンションを買えば貴族になれる」という儚《はかな》い夢に捉えられ、数十年かけても返せるかどうかわからない借金を背負いました。おまけにマンション価格は絶賛下落中です。それすらかなわない青年たちは、単に住むところ、家を借りることすらできなくなりました。そのためのお金もローンを組んで銀行から借りなければならない、妙な借金システムのためです。

20代の借金は1年間で40％以上増加し、自殺率は大幅に跳ね上がり、合計出生率は0・7人台に入りました。韓国の20代の40％は生活を親に依存しています。2021年基準で15歳～29歳の約21％はニート（職業無し、求職もせず）です。

●次世代の夢を崩す恐怖の「借金経済」

そんな状態で、2000年代初頭から始まった「借金経済」、借金で支えられてきた親の、自分たちの、そして次の世代の夢が、いま音を出しながら崩れようとしています。怖い話です、まったく。だから「長く」とも書きました。ここから立ち直るには、数十年の時間が必要になるでしょう。次の世代に負の遺産を残さないで、ちゃんと自分世代でなんとか片付ける、という前提での数十年です。これはこれで予言みたいな書き方ですが、自分なりの論拠をもって、率直にそう思っています。

本書は基本的に、「これ、どうすんの」という話の連続です。ふざけた書き方で恐縮ですが、これまた率直に、書きながら何度もそう思いました。ただ、私がシンシアリーとして書いてきたほとんどの本がそうですが、「事実」たるデータを羅列して「こんな状態です」で終わるわけではありません。自分なりに考えた、その裏にあるもの、強《し》いて言うなら、韓国の青年たちが持っている「身分」観とか、親子の間の恨（ハン）とか、「優秀な民族」という教育の副作用で生まれた「優秀なはずの私」たる考え、などなど、そんな私なりの「意見」を、ともに綴りました。

主に家計債務関連で話を進めますが、経済や社会を論ずるにはそれだけでは足りないでしょう。企業債務、比較的短いですが政府債務、為替レート関連の話題、尹錫悦《ユンソンニョル》大統領の関連政策や問題点、そして、いくつかの副次的な内容なども含めて、出来る限りの「事実と意見」をお伝えできればと願います。それでは、さっそく家計債務から見てみましょう。

●「家計債務」の総額は、IIF（国際金融協会）データで世界1位

韓国の家計債務の総額は、2022年4〜6月期基準で、1869兆ウォン（約187兆円※10ウォン＝1円として計算）です。集計する機関にもよりますが、IIF（国際金融協会）データで世界1位、BIS（国際決済銀行）データでは世界3位です。

せっかくだから1位になっているIIF（国際金融協会、2022年10月30日発表値）の「世界債務報告書」を紹介しますと、IIFに加盟している35ヶ国の債務関連データを分析した結果、家計債務がGDPを超える国は、韓国だけでした。GDP比102・2％で、前年の105％よりは多少減少しましたが、これは金利引き上げの流れに沿って、「銀行による貸出の縮小・貸出金の回収」、及び、資産に余裕のある人たちが、「まず借金を返済しておこう」と思った結果です。それでも、世界で家計債務がGDP比で100％を超えるのは韓国だけでした。ちなみに、日本は64％で、米国が77％です。

韓国の場合、普通なら家計債務に含める「自営業者の債務」などを家計債務統計に含めないので、それらも単純に合算して（実際は重複する分もあるでしょうけど）みると、GDP比150％を超えるという指摘も出ています。BIS基準だと、1位スイス、2位オ

ーストラリア、3位韓国となります。スイスの場合は福祉関連でかなり力を入れている国ですので、ちょっと違う評価ができるかもしれません。

●日本の財政リスクが叫ばれる理由

自営業者や零細企業への貸し出し、大家に保証金を預けて家を借りる韓国特有の借家システム「伝貰（チョンセ）」保証金、リボ払い、一部の貸付業者（第3金融圏、合法の場合）のデータは、この1869兆ウォンには含まれていません。記事によると、2012年には964兆ウォンだったので、10年で2倍になりました。処分可能所得比で考えてみると、2008年には138・5%、2020年には200・7%。

日本の場合は政府の債務が大きいとよく話題になりますが、いつからか、反論も聞こえてくるようになりました。そのほとんどが円建てで、資産が多いので純負債規模で見ると大した問題ではない、その政府の借金の対象、いわば債券を所有しているのは、ほとんどが日本の民間なので、政府の借金とはいえ結局は日本の誰かの資産ではないのか、などなどです。

実際、世界3位の経済大国である日本の財政にそこまでリスクがあるなら、すでに世界規模で相応の動きがあるでしょうけど、そんな動きは無く、国際の金利も低い（金利が低くても売れる）ままです。これに関する議論は本書ではこれ以上取り上げませんが、もっと議論が行われ、肯定的な方向へ進むことを願っております。

ただ、実感という側面からすると、率直に言って、ほとんどありません。「なんと、政府負債が〇円だから、国民1人の負担は〇円もある！」というフレーズの記事が数十年前からありましたし、韓国にも政府負債でそんなフレーズを使う記事が結構ありますが、私はそれを「あ、大変だ。私ってそんなに借金を背負っていたのか、なんてことだ」などと思ったことはありません。そういう人は、多くないのではないでしょうか。

●家計債務がGDP全体を超えた

しかし、家計債務となると、話が違います。もちろん家計債務を負っていない世帯からするとこれも実感は無いでしょうけど、債務を背負っている世帯からすると、人生そのものがかかっている問題です。場合によっては、まさに生き地獄に落とされてしまうでしょう。そう、本やテレビ、ネットの中で国の借金がいくらだから〜と話すものとは、まさに次元が違う、実感そのものです。

バブル崩壊という難局において、日本は政府が借金を負う形を取りました。経済が苦しい苦しいと毎日のように報じられているのに、日本の家計負債はＯＥＣＤ（経済協力開発機構）平均にもならない（60％台）レベルです。低金利がこれだけ続いている日本ですが、なんだかんだで、お金を借りないとならない人は、決して多くないという意味です。

韓国は、１９９７年アジア通貨危機のときに財政破綻し、韓国でいう「ＩＭＦ期」に、経済主権をＩＭＦ（国際通貨基金）に譲渡することになりました。そのとんでもない難局から、国民（民間）が借金を背負う形の政策を取りました。借金すれば、国のＧＤＰに肯定的な効果が現れます。すなわち、ＧＤＰが上がります。

これは、ＩＭＦが公式に認めている内容でもあります。特に、その借金というのが、マンションを買うなどの行為に使うためのものなら、それはＧＤＰをかなり積み上げる効果を出します。もちろん、その「返済」ではＧＤＰは動きません。韓国は家計債務の統計に自営業者の債務は含めませんが、それでもＧＤＰ比家計債務はＩＭＦ期以降、急増しました。

韓国で関連統計が作られたのは、クレジットカードの普及（キャッシングサービスのやりすぎ）が深刻な社会問題になった2002年からですが、それから毎年、名目GDPは約5・5％成長しましたが、家計債務は8％近くも増えました。そして、2004年に家計債務はGDPの半分を超えて56・4％、2018年には86％を超え、ついに2021年からGDP全体（100％）を超えるようになりました。

●1年間で債務が40％以上も増えた青年貧困の激増

そして、各世代の債務が指摘されるようになりました。50～60代の借金が大変だという指摘は、主に「しっかり準備もせずに自営業に飛び込んだ」のが主な理由でした。年金制度がまだちゃんと機能せず、50代引退（退職）が多い韓国で、引退後の生活のために自営業を始める人が増えましたが、それでうまくいくような世の中ではなかったからです。

40代が大変だという指摘は、2008年に金利が5％まで上がり、IMF期のあとに各種政策を信じて家を買った人たちが、いわゆる「ハウス・プア」（家を買った負担で生活がままならない人たち）になった、という内容でした。

データ集計機関によりますが、2010年時点でハウス・プアは150万世帯を超えていた、と言われています。韓国の経済参加人口は、2021年基準で約2750万人です。そして、1~2年前から、信じられない指摘が出揃いました。青年層、20代と30代の債務が急激に増え、青年貧困が急激に増えているというのです。20代の場合、1年間で債務が40%以上も増えた、などなど。

まるで、滝の水が上から落ちてくるように、どんどん若い世代へと、問題の中心が移動しています。それに、家計債務全体金額からしてもわかるように、40~60代の債務が減ったわけでもありません。この家計債務問題ですが、世界の経済が大いに揺れていた2022年において、韓国経済の最大の問題点として浮上しました。いままでの、民間の借金によるGDP成長の「ツケ」が回ってきた、とでも言いましょうか。

●韓国国内外の専門家が「1年以内に金融危機が来る」と警告

韓国の中央銀行「韓国銀行」が2022年11月27日に発表した「2022年下半期システムリスクサーベイ結果」という報告書によると、国内外の大勢の専門家が、韓国で、1

年以内に金融システム全般に影響を及ぼす大きな衝撃が起きるだろう、と予想しました。短く書きますと、金融危機が来ると警告したわけです。「あんたたち、このままじゃ危ないよ」、と。

このご時世、安心できる国など無いでしょう。いままで、米国から始まった金融危機により世界中が低金利を強いられたことはありますが、米国の急な金利引き上げに振り回されて金利を上げないといけなくなったのは、たぶん初めてのことです。日本のように、苦しいと言いつつも現状で耐える、言わば金利を上げないですむ国は、そうありませんから。

ロシアはウクライナに侵攻して民間人が住むアパートにミサイルを撃っているし、中国は新型コロナを理由に大都市をまるごと封鎖して人々を閉じ込めました。はっきり言って、こいつらなにしてくれてるんだ、としか言いようのない状態です。日本では「物価が高くなるじゃないか！」と話題ですが、国によっては、経済、金融にまさしく生死をかけた危機が降り掛かっています。

●韓国の経済・金融における弱点は「借金」

そんななか、なにか問題が起きているなら、それは仕方ないことかもしれません。完璧に運営されている国なんてどこにもないでしょうから。最近、韓国メディアの記事に毎日のように出てくる「金融危機」「資金流動性危機」など、各種危機なども、最初はそうでした。先の韓国銀行の調査でも、2022年5月に発表された報告書では、多くの専門家が「対外的な要因」が問題だと指摘していました。ウクライナ事態、米国の基準金利引き上げなど、韓国としては、ある程度の対応はできるけど、内部的に解決することはできそうにない、そんな案件が主な理由でした。

しかし、2022年11月27日の報告書では、その問題の要因が、外にあるものではなく、実は韓国の内部にある、という指摘が相次ぎました。言い換えれば、今回の対外的な要因により、韓国の経済・金融においての、ある弱点が明らかになったという意味です。それを、一言で書くなら、「借金」です。

72人の国内外の経済・金融専門家に聞いたところ、約6割、58・3%が、「1年以内に、金融システム全体の安定性を揺るがす衝撃が発生する」と答えました。6ヶ月前になる5

月の報告書では、同じ質問に、26・9％の専門家だけが「衝撃が発生する」と答えました。韓国のニュース通信会社「ニューシース」の11月27日の記事を見てみると、前回（5月）の調査より％が上がったのはもちろんのことですが、前回の調査では、「主要国の金利政策」や「ウクライナ事態」などが主な原因とされましたが、今回それらは減り、「家計債務」や「国内市場金利」が大きく増え、さらに、「企業の資金調達問題」「金融機関のローンの不良化が生じるリスク」などが指摘されるようになりました。

専門家たちの目が、「単に国際情勢の問題ではない」という側面を見るようになった、そんなところでしょう。ちょっと引用してみましょう。

●もっとも多くの専門家が選んだ「金融危機発生の要因」

本書では、引用部分を〈〉で表示しています。また、引用部分の（※〜）は私が書き加えた部分であり、原文にはありませんので、この点、ご注意ください。

〈……資金調達が難しくなった現状を証明でもするかのように、1年以内に大きな金融衝撃が発生する可能性があるとする専門家の割合が、60％近くまで上昇した。韓国銀行が発表した「2022年下半期システムリスクサーベイ結果」を見ると、今月（※2022年11月）2～9日、国内外の金融・経済専門家72人を対象としたアンケートでこのような結果が出た。調査の結果、1年以内に短期的に金融システムの安定性を揺るがす衝撃が来るという回答は、5月の26・9％より、31・4％ポイントも増加した58・3％に達した〉

（「ニュース1」）

そして、もっとも多くの専門家が選んだ「金融危機発生の要因（多くの項目から5つまで選択可能）」は、家計債務でした。「家計の高い負債レベル及び返済負担の増加」が、69・4％。「資金調達ができず、企業が不良化するおそれ」（62・5％）、「金融機関の貸出の不良化、偶発債務のおそれ」（48・6％）、「国内市場金利の急激な上昇」（43・1％）。

ちなみに「偶発債務」とは、いまは債務としてカウントされないが、ある条件において債務とされる取り引きを意味します。仮定として、別の会社が立ち上げた「マンション団地を作る」プロジェクトに参加した建設会社が、そのための資金作りに保証人となったとします。そのマンション団地プロジェクトがうまくいくと、建設会社としては大きな利益を得ることになりますが、うまくいかないと、債務が一気に増えます。こういうものが、そのプロジェクトの進展状況によっては偶発債務になる可能性があります。あとで、「プロジェクト・ファイナンス」などの部分でまた書くことになります。

●韓国の「家計債務」と「企業債務」

では、「金利の急激な上昇」など他の項目まで合わせて考えてみると、専門家たちの指摘からは、大まかに2つが見えてきます。「家計債務」、そして「企業債務」です。もちろん債務というのは、無条件で悪いものではありません。何かのための投資として、もっと豊かな生活をするため、よく聞くフレーズですが「計画的に」扱うことさえできれば、個人にも企業にも、夢のためにも生活のためにも、債務はいくらでも肯定的な効果を出すことができます。でも、先のレポートもそうですが、いま韓国の経済・金融が、もうそんな夢のある話ができるレベルでは無くなりました。

２０２２年10月12日、韓国銀行は、０・５％の基準金利引き上げを決めました。すでに4月、5月、7月、8月に金利を引き上げましたが、10月の０・５％ポイント引き上げで、基準金利は3・0%となり、住宅担保貸出（ローン）の金利が一気に5%を超え、早くも「年末には7%台に入る」という話が出ていました。わずか2年前の同じ時期には、2～3%でした。

それから11月24日にも0．25%ポイント引き上げが行われ、実際に住宅担保ローンの金利が一部7%台になったので、この予想はある程度当たったと言えるでしょう。「一部」というのは、ローン金利というのもケース・バイ・ケースですから、多少不利な条件（高い金利）で融資を受ける人たち、言わば「信用が低い」人たちの場合、7%になることもある、という意味です。

●「大企業職員Aさん」の住宅ローン返済の実例

それまでも金利、家計債務関連での返済を懸念する指摘が無かったわけではありません。私のシンシアリーのブログも、旧ブログ（アメブロ）時代から、この問題をずっと追いかけてきました。読者の皆様には、覚えている方もおられましょう。あれがもう10年以上前ですから、あのときから「時限爆弾」とよく言われていました。

２０２２年になってから、金利負担に気をつけろという記事はありましたが、10月の金利上げから、「借金」に関する記事が一気に増えました。単に金利が上がるか下がるかの二択の問題というより、韓国の借金事情に照らして、この引き上げ「速度」は速すぎる。各種データからして、もう本当に限界が来ているとしか思えない。そんな内容です。

では、どれぐらい問題になっているのか、難しい説明より、一つ実例を紹介します。これは２０２２年10月～11月あたりに、韓国の複数のメディアに引用されたものですが、仮定ではなく某大手銀行の実際の利用者「大企業職員Ａさん」の実例となります。韓国の金利と家計債務の関係、どういう状況になっているのか、２０２２年10月12日「韓国経済ＴＶ」の記事から、大企業職員Ａさんの場合を引用します。

〈……2年前の超低金利のときに資産を買い入れた人たちの中には、今年末や来年初めの年償還額が、２年前より50％以上急増する場合も多くなると思われる。ある大手銀行の実際の事例分析によるものだが、「大企業職員A氏」の場合、２年前の２０２０年10月、５億６６００万ウォンの貸し出しを受けて、ソウルのマポ区にある専用面積59・96㎡のマンションを14億３０００万ウォンで購入した。A氏の総融資額は、住宅担保４億６６００万ウォン（30年間の元金均等分割償還、新規取扱額コフィックス6カ月連動金利）と、信用ローン1億ウォン（期間1年、毎年期限延長可能、金融債6カ月連動金利）を加え、5億6600万ウォンとなる。

A氏は、貸し出しを受けてから6カ月間は、住宅担保ローン年2・91％、信用ローン3・66％が適用され、月々の返済額は約224万7000ウォン（住宅担保ローン元金194万2000ウォン＋信用ローン利息30万5000ウォン）レベルだった。だが、2年後の今月現在（※2022年10月のことで、10月12日の0・5％金利引き上げは、A氏にはまだ反映されていません）、住宅担保ローンと信用ローン金利は各5・07％、6・67％に高まり、月払い額は249万2000ウォン＋55万6000ウォンで、304万8000ウォンとなり、2年で36％も増えた。また、予想通り、今年末や来年初めに基準金利が3・50％に達すると仮定すると、6カ月後の来年4月、A氏の月額返済額は約340万4000ウォン（住宅担保ローン年6・07％適用で元金276万5000ウォン＋信用ローン7・67％適用で利子63万9000ウォン）となり、2年前より51・5％（115万7000ウォン）も増えることになる〉

（「韓国経済TV」）

●「貸し剝《は》がし」がすでに始まっている

引用部分にある「コフィックス」（COFIX）というのは、住宅担保貸出の金利を決めるときに基準になる金利のことです。さて、為替レートにもよりますが、1円を10ウォンにして簡略に換算してみると、「月々22万4000円の返済計画でローンを受けて家を買ったのに、2年後には月々の返済額が34万円になっていたでござる」、です。各記事にAさんの年収がどれぐらいなのかは書かれていませんが、これが30年続くなら、いくら大企業の職員といってもきつい話です。

韓国の家計債務において、Aさんのような「変動金利」が全体で約74％です。データ集計期間によっては、もっと高い、80％近くはあるとする主張もあります。こんな状況下で基準金利が急速に高くなると、銀行側は貸し出す対象を慎重に選ぶしかないでしょう。これは個人だけでなく、企業にも同じです。ちゃんと返済できると思われる企業にだけ、新規に貸し出し、または満期延長を許可することになります。

特に小商工人（自営業者）の場合、資金調達はさらに難しくなるでしょう。いちいち引用するとキリがないほど、複数のメディアが、景気後退シグナルがあちこちから出ており、銀行が本格的に企業貸し出しの管理に入ったことを報じています。個人だけでなく企業に対しても、新規の場合は規模を減らし、いままでより金利を高く設定したり、既存の分は満期を延長しない準備に入っており、すでにそうしている、と……。そうですね、もっと短く書きましょうか。「日本語で言う『貸し剝《は》がし』がすでに始まっている」と報じています。「実感」せずにはいられない、そんな局面に来ているわけです。

●急な金利引き上げによる不動産市場の「ハードランディング」

どうせ「重い」話を始めたわけです。以下、もう少しダークな世界に付き合ってください。まず、問題の根源は「借金に依存しすぎた」というのがありますが、それがここまで表面化したのは、やはり金利引き上げが相次いだからです。もっとも分かりやすいのが、先のA氏もそうでしたが、家計債務と不動産価格の関係です。

2022年12月5日、IMFエコノミスト出身でもあるチェ・サンヨプ延世大学経済学部副教授が、「エコノミー朝鮮」という朝鮮日報系列の経済メディアで話した内容ですが、いままでは低金利だったので「錯視」でなんとかなったけど、金利が上がってきて、またこれからも上がると予想される現状では、錯視から目が覚めるしかない、というのです。

チェ副教授は、急な金利引き上げによる不動産市場の「ハードランディング」（急速な失速、値崩れなど）の可能性について、「もっとも懸念されるシナリオは、不動産価格の下落が、家計負債関連リスクと結びつくことだ」と言い切っています。不動産好況期には住宅価格が上がり続けたため、それを所有している家計、たとえ「自分の能力値を超える」ローンが残っているとしても、資産も増え続けることになります。だから、金融債務（ローン）も急増したのに、資産価格が大幅に上昇したため、急激な債務の増加傾向が、かき消されてしまう効果があったのです。

私見を少し書き加えますと、どちらかというと「借金のほうは見ず、マンション値上がりの側面しか見ようとしなかった」という理由もあったのでしょう。副教授はこれを、「所得は増えず債務だけが急増したのに、資産が増え、健全性指標が改善されるように見える、ある種の錯視現象が現れたわけです。しかし、いまは不動産価格の下落傾向が明らかです。住宅価格の下落速度も、予想したよりも急です。家計資産で不動産が占める割合が高く、金融債務の負担も大きいのが現状です。そのため、不動産市場のハードランディングが現実となった場合、国の経済の『システム』そのものが危機に陥る可能性が高いわけです」と指摘しました。

ちょうどその10日後、国際通貨基金（ＩＭＦ）が、韓国の不動産市場が急落するだろうという予測を出しました。先の韓国銀行のレポートに参加した専門家たちも、チェ副教授も、ＩＭＦのこの報告書も、全てが同じ部分を警告しています。

●ＩＭＦの指摘――「家計負債が多いほど金利の影響を大きく受ける」

ＩＭＦは、２０２２年12月15日に発表した「Housing Market Stability and Affordability in Asia-Pacific」という報告書で、新型コロナ期間、すなわち低金利、各国の政府政策でお金が借りやすくなっていた期間には住宅価格が大きく上がったが、分析してみたら、それらの住宅価格の相当部分がバブルだったと言います。ＩＭＦが、住宅価格上昇に寄与した項目を、現在の価格、金利に関する要因、「アウトプットギャップ」（output gap、またはGDP gap）などで分析した結果、実際の価格との不一致がかなり大きかった、というのです。韓国の経済メディア「韓国経済」によると、これが不一致すればするほど、「所得と住宅価格のアンバランス」になり、正常的でない価格上昇要因とみなします。

同紙は、「より大きな問題は、このような予測に、今年以降、各国が行う予定の金利引き上げの効果は考慮されていないという点だ」とも指摘しています。ちょうど同日、米国FRB（連邦準備制度理事会）が0・5％ポイントの基準金利引き上げを決めましたが、その影響もこの報告書には反映されていません。IMFはまた、家計負債が多いほど金利の影響を大きく受けるという理由などで、韓国が特にそんな状況にあると言及しています。現在の住宅価格は過度に高い水準であり、長期間下落する可能性が高い、と。他に、ニュージーランドとオーストラリアが名指しされています。オーストラリアもまた、家計債務がかなり大きな国です。

●他国には見られないマンション購入の熾烈《しれつ》な戦い

韓国では、マンションは買いたい人が誰でも買える存在ではありません。価格が上がりそうなマンションには、「私が買います」と契約するために大勢の人たちが集まり、特に人気の物件は「コミケ」入場待機みたいな状態になります。これもまた、後で詳述しますが、「請約」（契約を請う）という過程を経て、抽選で、買えるかどうかが決まります。一部の人たち、たとえば併合時代に日本相手に戦ったとする「独立有功者」の子孫などは、この請約申込みにおいて優先権利を持っています。まだ工事も始まっていないマンションを、買うというか、買う権利を得るために、熾烈《しれつ》な戦いを繰り広げるこの光景は、他の国では見られないものだったりします。私もまた、日本に移住したとき、すでに完成している（竣工後）住宅を購入することをとても不思議に思ったりしました。

数十年返済しなければならない内容でお金を借りまくったけど、それでもマンションを所有することは、何よりの夢でした。どうせ価格が上がるだろうと、返済する分を全部考えても、それ以上に価格が上がるだろうから、と。マンションは韓国の人々にとって、資産というよりは「身分上昇」のような認識でした。まるで貴族にでもなったかのように、借金があるけど消費を躊躇《ためら》わない、その自信の源でもありました。

そんななか、チェ副教授の指摘、「それ、錯視ですから」という短い一言は、誰もが気づいていそうなものでした。でも、これを指摘する人は意外なほどいません。「債務で成長した、いや成長したように見えていた。国の経済も、失礼ですがあなたの人生もそうです」という意味にもなるので、専門家とて、そんな指摘に負担を感じているのでしょうか。まさか、本当に気づいた人がいないとは思えませんが。

●韓国における「普通の銀行」

先から出番の多い「A氏」も、そんな錯視の中に生きていたのでしょうか。先も書きましたがA氏の年収などのデータが見当たりませんでしたが（銀行側が公開しなかったのでしょう）、とても困っているだろう、というのは分かります。でも、A氏なら、ある程度は余裕がある人である可能性も高いです。大企業グループによる支配力が強すぎて「財閥共和国」と呼ばれる韓国で、大企業職員であるし、「普通の銀行」を利用できる立場だからです。

「普通の銀行」ってどういうことだ？　と思われるかもしれませんが、言葉通りの意味で、普通に日本でいう「銀行」のことです。韓国では、厳密には銀行でないのも、「○○貯蓄銀行」など銀行の名前を使うことが法的に許可されているので、「普通の銀行」から貸し出しが受けられるだけでも、その人は結構信用が高い（金融機関からして、金融面で信頼できる人）という意味です。では、普通以外はなんだという話になりますが、それについてはもう少し後で「第1、第2、第3金融圏」の部分で詳述いたします。

●DSR「総負債元利金償還率」とは

A氏はともかく、全般的に見て、韓国の人たちは年収のどれぐらいを返済に使っているのでしょうか。それは、DSR（Dept Service Ratio）、「総負債元利金償還率」についてのデータから垣間《かいま》見ることができます。この場合のDSRとは、1年間返済しなければならない元金と利子が、年収において占める割合のことです。年収1億ウォンの人が、元利金の返済に1年間5000万ウォンを使うなら、DSRは50%になります。税金などを考えると、給料の半分以上が元利金の返済で「飛んでいく」という意味ですから、普通は40%超えるだけでも生活にかなり響くことになります。

2022年11月9日、韓国で金融機関の監査や金融消費者保護などを担当する「金融監督院」が、ユン・チャンヒョン「国民の力」（韓国の与党）議員室に提出した資料によると、「平均金利が7%になった場合」、このDSRが70%を超える人が、190万人になります。韓国の経済活動人口は約2800万人、総家口（世帯）数は約2100万世帯です。

●年間所得の98％が借金の返済で飛んでいく354万世帯

　韓国の家計ローンの平均金利は、2022年末時点で、集計が可能なところだけですが（一部の貸付業者、違法金融業者の分は含まれません）、約5・5％とされています。当時、住宅担保ローンの最大金利が、一部で、最大で、すなわちローンの金利が高く設定される場合に7％を超えるところが多くなっていたので（2022年12月15日に一部銀行の住宅担保ローン金利は最大で7・7％まで上がり、年末には8％台の予想もいろいろ出てくるようになりました）、複数のメディアが「このまま金利引き上げが続くと、2023年に平均金利も7％になるのではないか」との予測を出していました。

　そこで、金融監督院の資料をもとに、「もし、家計債務の平均金利が7％になったら、どうなるのか」を調べてみましたが、その結果、「年収から、債務を返済する分と、税金など必須的に使う分を除けば、最低限の生活費も残らない」人が、190万人になることが分かりました。

〈……家計ローンの平均金利が年7％台に入ると、貸出を受けた1200万人は、返済すべき元利金が、「所得から税金を払ってから残った分」より多いという金融当局の分析が出た。貸出を受けた約120万人は、所得があっても利子と元金をちゃんと返済することはできないという意味になる。9日、金融監督院がユン・チャンヒョン議員室に提出した資料によると、家計貸出の平均金利が年7％になると、総負債元利金償還率（DSR）が90％を超える人が、約120万人になる。DSRが90％を超えるとなると、一般的に、「所得から所得税や健康保険料など源泉徴収される税金の分を除くと、元利金の返済に足りない」という意味になる。同じく家計貸出の平均金利が年7％台になるとした場合、DSRが70％を超える人は190万人と推算された。DSRが70％を超えるとなると、所得から税金及び最低限の生計費を除けば、ローンの元利金を返済できないとされる〉

（「中央日報」／2022年11月10日）

統計データは違いますが、もう少し分かりやすくまとめてある記事（「ハンギョレ新聞」／2022年5月9日）もあります。韓国金融研究院という機関が、韓国の赤字世帯354万世帯について調べた結果についての記事です。ここでいう「赤字世帯」というのは、実際の生活で赤字になるという意味ではなく、「本当に必要な消費だけをしても、所得が足りない」という意味になります。

総世帯数が２０５０万世帯ですから、数で見ても結構多いですが、さらに気になるのは、彼ら３５４万世帯の平均年間所得が、４６００万ウォンであることです。繰り返しになりますが、これは生活において使わなければならないもの、たとえば税金とか、最低限の生活費とか、そして借金の返済を考えての「赤字」ですので、年４６００万ウォンだと、赤字生活は十分回避できるはずなのに、どうしてなのか。

それは、家計債務の返済に苦しんでいるからです。彼ら３５４万世帯の年間平均元利金返済額は４５００万ウォン。先の平均４６００万ウォンで考えると、年間所得の98％が借金の返済で飛んでいくわけです。記事は、「借金が、赤字の最大の原因になっている」「金融負債の規模が所得に比べ大きすぎることが、家計の赤字に影響を及ぼしている」と述べています。実際、金融負債が所得の5倍を超える世帯も68万世帯確認された、とも。

●米国の「サブプライムローン事態」前夜

まだ私が韓国で歯科医師だった頃、米国で「サブプライムローン事態」が問題視されるようになって、それでもまだ目に見えるほどの被害が起きる前の頃だと記憶しています。米国の「一般人」たちが住宅関連で大騒ぎだという趣旨のテレビ番組で、米国のある人が、30代ぐらいに見えましたが、自宅の壁を自分で増築しながら、こんな趣旨を話しました。「こちらの壁を○ぐらい増築すると、ぼくの家の評価価格は○ドル上がるんだ。あと、あそこの車庫を○だけ増築すると、○ドル上がるんだよ」。

その人は、満面の笑みを浮かべていました。家の○○を○○にすれば、○ぐらい価格が上がる、まるで「規格化された通貨システム」もどきのようになった、そんな感じでした。家の構造などで価格上昇の原因になる何かの要素があるという側面まで否定するつもりはありませんが、さすがにこれはどうかな、と。言い方は悪いけど、素人さ丸出しの人がいじりまくった家を、高い価格で買いたいとは思えませんでした。本当は何の知識も腕もない人たちが、適当な情報に踊らされているだけではないのか、そんな気もしました。

1920年代、ジョセフ・P・ケネディさんは、ウォール・ストリートで投資に成功、相応の富と名誉を手に入れました。のちに政界に進出し、息子のジョンさんがアメリカの大統領になります。そのケネディさんがある日、ウォール・ストリートで、靴磨きの少年に靴を磨いてもらっていたときのことです。どうみても株や金融と関係なさそうなその靴磨き少年が、「ウォール・ストリート・ジャーナル」を愛読していて、ケネディ氏に「○社の株は絶対買ったほうがいいよ」と勧めました。さすがにケネディ氏がどんな人かは知らなかったでしょうけど、少年のこのような話に、ケネディ氏は直感しました。「ああ、株の大暴落が近い」と。そして、持っていた株を処分し、それから起きた経済大恐慌による被害を最小化できました。私が見た番組の人も、ケネディ氏に株を勧めた靴磨き少年と似たような境遇だったかもしれません。

その番組の数年後、サブプライムローン事態が起き、多くの人たちの人生が、次々と台無しにされていきました。あのとき家の壁を増築していた人も、この靴磨き少年のような人たちではなかっただろうか、と私は思っています。

●韓国の「可処分所得対比家計債務」は200%超え

そして、何か「事態」が起きたとき、真っ先に被害を受け、崩壊していくのが、彼らです。韓国では、彼らのことを「サントゥ（ちょんまげのようなもの）を摑《つか》んでしまった」とも言います。何かの価値が上がると話題になって、その市場にあとから入ってきて、その価値が頂点に達したときに買ってしまう人たち。先にその市場に入ってきた人たちが、価格が下がる前に「処分」する条件を盛り上げる人たち。バブルが弾けると、真っ先に倒れるのは彼らです。

このDSRで苦しんでいる人たちも、全員ではないにせよ、そんな「サントゥ組」が大勢含まれていることでしょう。これでも、まだデータが記事に載ったのが11月である点を考えると、2022年10月12日の0・5%ポイント引き上げと、11月24日の0・25%ポイント分の引き上げは反映されていません。これから数年の間、このDSRの動きを見れば、サブプライムローン事態へ直行するのか、奇跡的に回避できるのか、大まかには予想できるでしょう。

ちなみに、いまは直行コースです。先に、可処分所得対比家計債務の話をちょっとだけ書きましたが、サブプライムローンのとき、アメリカの可処分所得対比家計債務が130%台でした。韓国の家計債務の場合、すでに2008年に138%を超え、2020年時点で200%を超えました。

●韓国経済における「もっとも弱い環《わ》の原則」

そして、ここからさらに重い話になりますが……「重い話、いつまで続くんですか」と聞かないでください。本書が終わるまで続きますので……少なくとも、次の話に移る前に、DSR関連データとともに、あと二つ、第1・2・3金融圏と、多重債務者について、話さなければなりません。なぜなら、なんだかんだいっても、DSRは「真の弱点」を示すデータではないからです。

本当に家計債務の「脆弱層《ぜいじゃく》」は、DSR70％を超える190万人だけでしょうか。家計債務の「質」という側面からアプローチすると、その数は452万8000人まで増えます。繰り返しになりますが、韓国の経済活動人口は約2800万人です。先にも書きましたが、苦しい苦しいというけど、A氏なら、少なくとも本書で取り上げている重い世界のなかでは恵まれているほうだし、DSRも全体からするとまだまだ「システムの危機」を語るレベルではありません。

チェーンの強さはもっとも弱い環《わ》の強さで決まる（チェーンを引っ張ると、他の環の強度がどれだけ高くても、弱い環があればそこでチェーンが切れてしまう）、いわゆる「もっとも弱い環の原則」。最近、日米韓安保協力関連で韓国が弱い環だという話をよく聞きますが、金融システムでも同じです。要は、もっとも「脆弱」な層の人たちがどうなのかです。問題はそこから始まります。452万8000人という数字がどこから出てきたのかを説明するために、まず、第1・第2・第3金融圏という概念から書いていこうと思います。

●金融機関の分類：第1金融圏、第2金融圏、第3金融圏

韓国では、金融機関を第1金融圏、第2金融圏、第3金融圏に分けます。「第1金融圏」は、先にもちょっとだけ書きましたが、日本でいう「銀行」、いわば普通の銀行のことで、メディアによっては「都市銀行」などと書く場合もあります。韓国、ソウルなどでよく見かける国民（グクミン）銀行とか、新韓（シンハン）銀行とか、農協中央会とか、そんなものが第1金融圏になります。第2、第3に比べると、金利は比較的安いほうです。というか、こちらが普通の銀行なので、これが普通の利子ラインだと言うこともできるでしょう。

　お金を借り入れようとする人からすると、貸し出しが受けられるハードルは比較的高くなります。最近（2022年末～2023年初頭あたり）のように、金利が上がっている状態だと、ローンがうまく返済できない可能性も高くなるので、ハードルはさらに上がります。これもまた、上がると言っても、これがその国の「普通」のラインになるでしょうけど。

「第2金融圏」は、貯蓄銀行、信用協同組合、単位農協（中央会ではないほう）などのことで、金利は第1金融圏より高く、貸し出しが受けられるハードルはより低くなります。貯蓄銀行というのは銀行の名前ではなく、金融機関の種類のことで、合法的に「銀行」という字を使っているものの、銀行（第1金融圏）ではありません。「○○貯蓄銀行」など、韓国では結構多く目につきます。でも、家計債務が韓国の各世帯の暮らしに重く、広くのしかかるようになって久しいこともあって、第2金融圏、特に貯蓄銀行は、中産階級の生活においてなくてはならない存在になっています。第2までは、「預金」があります。

　そして、あまりよく目にする用語ではありませんが、「第3金融圏」もあります。こちらは合法的に運営している貸付業者のことで、普通は各メディア共に「貸付業者」としますす。預金は無く、貸し出し専門です。金利は、もちろん人にもよるし時期にもよりますが、少なくとも本書を書いている時点だと、韓国の上限金利である20%が最低ラインとなります。金利は高く、借りられるハードルは第2よりさらに低い、そんなところです。この貸付業者の場合、データを共有せず金融システムから独立している場合が多いため（ちゃんと共有するところもありますが）、第1・第2金融圏とは違い、各種統計からは見えなくなっていたりします。韓国では、こういうのを「死角地帯」（見えない地帯）と言います。

●平均年利200%超えの「違法貸付業者」

韓国には、2000年代から、「個人信用等級」というものができました。各個人の金融関連取り引き情報をもとに、その人の「等級」を決め、その情報を各金融機関が共有します。これは、韓国人全員に付けられています。1等級から10等級まであって、もっとも信用が高い人、すなわち1等級の人は、貸し出しを受ける際にもっと良い条件が受けられますが、等級が落ちると、逆に、第1金融圏からは相手されなくなります。すると、第2金融圏へ行くしかありません。第2でも相手されなくなったら、第3を訪れるしかありません。等級が悪すぎると、信用取引そのものが制限されたりもします。

２０２１年からは1点から１０００点まで細分化され、９５０点～１０００点が1等級となりました。ちなみに、もう10年近く前のことではありますが、銀行の人に私の信用等級について聞いてみたことがあります。どうやら、お金を借りない人（債務が無い人）が1等級になるのではなく、借りてから利子までちゃんと返済して、それからまた借りてまた利子まで返済して、そんな人が1等級まで上がる、とのことです。銀行の人、この話をしながら、明らかに「枯れた」笑顔を浮かべていました。

第3でもうまくいかなかった場合は、違法な貸付業者のところに行くしかないでしょう。違法貸付業者のことを、韓国では「私債（サチェ）業者」、または「サグミュン（私金融）」と呼びます。私金融・私債業者たちの利率は、平均で年利２００％を超え、１０００％を超える事例も少なくありません。人が暮らせる世界の話ではありません。ブログを書きながら関連した記事などをよく読みますが、年利５２００％を取られた件もありました。

●「多重債務者」は家計債務問題のもっとも脆弱《ぜいじゃく》な層

違法（私債、私金融）は論外として、第1・第2・第3金融圏の、3カ所以上の金融機関から貸し出しを受けている人たちを「多重債務者」と言います。家計債務問題においてももっとも弱い環が、彼らです。２０２２年11月中旬あたりから、複数の韓国メディアが多重債務者について警告する記事を載せるようになりました。

特に同じテーマの記事を積極的に出していた「ソウル経済」（本書で引用する記事は11月28日のものです）は、新型コロナ対策として、政府はローンの満期延長、返済猶予措置などを取っているため、表面化はしていないものの、多重債務者たちは家計債務問題のもっとも脆弱な層であり、特に第２金融圏（貯蓄銀行など）、第３金融圏（貸付業者）の場合は、すでに延滞率が８・６％になっている、と指摘しています。借入金というのはいつもそうですが、返済できる能力さえあれば、３カ所から借りようが４カ所から借りようが問題ありません。しかし、第２、第３まで利用するとなると、どうもそう肯定的なものだとは思えません。

記事によると、金融機関３カ所以上でお金を借りた多重債務者（日本とは違い、金額や返済能力に関係なく、「３カ所以上」だけが多重債務者を決める基準になります）が、２０２２年９月末基準で４５２万８０００人。先の数字がここから来たものです。金額で６１８兆２０００億ウォンです。「ソウル経済」がナイス信用評価というリサーチ会社の資料をもとに調べたデータによりますが、そこで確認できる国内家計債務統計のうち、多重債務者の割合は人数で22・7％、金額で33・0％と推定されます。記事は、資料上で確認できる金融機関を利用する全体債務者のうち、「概《おおむ》ね、5人に1人」としています。

ちなみに、こちらも、皆さんの体感的な理解を手伝うため日本のデータを紹介できればいいのですが、そもそも多重債務者という定義が違います。首相官邸ホームページに公開されている「多重債務者対策をめぐる現状及び施策の動向」（2022年6月発表値）によると、多重債務者とは、「消費者金融等からの複数債務を抱える債務者や返しきれない債務を抱える債務者」となっています。そして、その日本の多重債務者は、改正貸金業法が成立した2007年以降減少傾向で、2022年6月時点で約240万人、一人あたりの債務残高は約30万円です。比較というのはいつもそうですが、基準が異なるので単純比較は難しいものの、日本のほうが数は少なく、もっと「範囲が広い」と思われます。

●韓国の20代の多重債務者数は38万7000人

「ソウル経済」は他にも、第1金融圏以外からも貸し出しを受けた人、または担保無しの信用ローンが全体借入金の3割を超える人など、一般的に「高リスク群」とされる人たちに範囲を絞って分析してみましたが、その場合、借金の返済を30日以上延滞した比率は8・2%でした。それよりさらにリスクが高いとされる「第1金融圏以外からも貸出を受けていて、同時に担保なしの信用ローン」の場合は、30日間以上延滞は8・6%まで上がります。まだ致命的に延滞率が上がっているわけではないですが、新型コロナ対策として満期延長や返済保留を政府レベルで進めてきたことまで考えると、決して油断できない状態です。また、もう一つ気になるのは、彼ら多重債務者が、20代と60代以上で特に増えているという点です。

２０２２年６月末基準ですが、20代の多重債務者数は38万７０００人で、２０２２年に入ってから6カ月間で1万８０００人増えました。60歳以上も55万８０００人で、９０００人増加。それに、こちらのデータもまた、「２０２２年10月以降の金利引き上げ」の影響は反映されていません。基準金利引き上げによる問題が集中的に報じられるようになったのが（その前にも懸念事項として積極的に記事を出すところはありましたが）、10月からです。「ソウル経済」は、「多重債務は金融市場の『弱い環』になるしかない。金利引き上げ期には、返済負担が増える。特に20代と60代の年齢層で急増しており、彼らのローンで問題が生じた場合、金融システム全般の問題になる可能性がある」と警告しています。

●第3金融圏からも相手されなくなった247万人はどこへ

そして、それでもなお、まだ残っています。違法であるため「制度圏外」とも言われますが、私債、私金融の世界です。彼らを第4とは言いませんが、強いて言うなら「4(死)」の金融圏です。彼らを利用する人たちがどれぐらいいるのか。詳しい規模は分かりません。ただ、あるデータから予想はできます。第3金融圏、すなわち合法の枠内では最後の砦《とりで》となる貸付業者を利用する人の数は、「ヘラルド経済」(2022年12月20日)によると、2017年には約247万人、2021年時点で112万人です。2017年～2021年の間も家計債務問題がずっと続いていたのに、なぜこんなに減ったのでしょうか。妙な話になりますが、それは、韓国でいう「法定最高金利」、すなわち上限金利が引き下げられたからです。

上限金利が下がったなら、利用者も増えるのではないか。返済の負担が少なくなるから、いいことではないか。そう思われるかもしれません。でも、違います。先も書きましたが、貸付業者には預金というものがありません。だから、第1・第2に比べ、貸付資金を用意するのにお金がかかるわけです。だから、上限金利20％では利益が出せなくなったのです。すなわち、利用者数が減ったのではありません。利用したくてもできない人が増えたのです。そう、「第3金融圏からも相手されなくなった人」、合法な制度圏の内でお金を借りることができない人が、増えただけです。2017年247万人、2021年112万人。すると135万人はどこへ行ったのでしょうか。何かとてもいいことがあって、宝くじでも当たって、第2金融圏が利用できるようになったのでしょうか。

韓国は、1997年、いわゆる「IMF期」と呼ばれる期間を終え、それから家計債務が急増しました。お金を借りてマンションを買ってくださいという政府政策の結果とも言えますが、全員が高価な家を買うためにお金を借りたわけではありません。そんな人たちのための政府政策は、クレジットカードの普及でした。さすがにいまはなくなりましたが、道を歩いていると、いまでいうとスマホ加入販促みたいな感覚で、クレジットカードが作れる。年齢に関係なく、審査など無く。

2000年代初頭は、そんな時代でした。カードがあればお金を引き出すことができると聞いて、誰もがカードを求めました。ちなみに、当時はキャッシングサービスにこれといった制限がありませんでした。これが、韓国がカード社会になったもっとも大きな理由だと、私は思っています。なにせ、子供が「ぼくはクレカを○枚も持ってるぞ」と、ポケモンカードやライダーカードのような感覚で自慢したりする、そんな時代でしたから。これは2003年、「カード大乱」と呼ばれる事態を巻き起こします。「回して防ぐ（借りて、別の借金を返済する、言わば自転車操業）」という言葉が定着したのも、この頃です。

●韓国に根付く「雇用主は悪い人、被雇用者はいい人」

そして、政治家たちにとって、そんな社会像はよい「支持率稼ぎ」になりました。それから、上限金利、2002年時点で66％でしたが、それを「高すぎる」と非難する、庶民の味方を演じる政治家たちが現れました。そして、何も考えずに上限金利の引き下げを行い、2021年7月、20％まで低くなりました。

韓国には「雇用主は悪い人、被雇用者はいい人」という考えが根付いており、文在寅《ムンジェイン》政権は、最低賃金を大幅に引き上げる政策を取りました。しかし、雇用主が雇用そのものを忌避《きひ》するようになり、むしろ低所得層に大きなダメージを与える結果で終わりました。同じことが、この上限金利でも現れました。むしろ、庶民たちを「制度圏の外」に追い出してしまったのです。

この点について、「朝鮮日報」の2022年12月10日の記事が、的確に書いています。これは、「家計債務大国（?）」韓国では、なかなか勇気が必要な指摘でもあります。「朝鮮日報」の記者が、貸出仲介サイトというところに入ってみたところ、「15日に給料が出ます。30万ウォンだけ、会わずに（※ネットや電話などの手続きだけで）可能でしょうか」と書いているなど、「数十万ウォン程度を急いでなんとかしたいという文で溢《あふ》れている」、とのことでして。原文ママです。

それを見て、サグミュン（私金融）、またはサチェ（私債）業者たちが、その人に連絡します。30・50でどうだ、と。「朝鮮日報」によると、これは30万ウォンを借りて1週間後に50万ウォンを返済する方式で、年利にすると3400%を超えることになります。同じ構造で50・80もあるそうです。記事は、もちろんこういう業者たちも問題があるのは言うまでもないが、何も考えずに上限金利を20%まで下げたのも大きな理由である、と指摘しています。家計負債問題において「場合によって金利が高い必要がある」との指摘が大手新聞に載るのは、極めて異例のことでもあります。その分、状況が切迫しているという意味でしょうか。

〈……カードローンもできず、貯蓄銀行（※第2金融圏）のハードルも超えることができなかった、言わば「信用点数」が低い人たち。彼らの最後の希望は、貸付業者だ。後で業者から連絡が来る場合が多いからだ。業者はいわゆる「30・50」を提示する……「50・80」もある。最近、このような、少額のサグミュン市場が活況だと言われている。２０２１年7月から上限金利が年20％までとなり、合法の金融会社を利用するのが容易ではなくなったためだ。貯蓄銀行の家計ローンの平均金利は、２０２１年10月には13・58％だったが、今年10月には13・54％と少し下がった。同じ期間、銀行（※第1金融圏）金利が年3・46％から5・34％に急騰したのに、なぜだろうか。貯蓄銀行が優しいからではない。1年前（※２０２１年）までは、年16〜19％なら、信用点数が低い人たちにも貸し出しが可能だったが、いまは金利が上がった分を反映し、年21〜24％は負担しなければ、市場原理に合わなくなった。しかし「年20％上限」があるため、そもそも「このような人たち」にはまったく融資をしなくなったのだ。

合法貸付業者（※第3金融圏）は、ちゃんと返済してもらえないリスクを反映すれば、信用ローン金利年20％では利益が残せない。だから、担保ローンを増やすしかない。貸付業者と実際にお金が必要な庶民の間に、溝ができてしまうのだ（※そんな担保があるなら、そもそも貸付業者まで来ない）。質屋は、もうほとんど無くなった。質屋が20万ウォンを貸しても、もらえる月利子収益は３２００ウォンにとどまる。質屋も上限金利が適用されるからだ。利益が出せないから、質屋は仕事をやめるようになった。その影響をもっとも受けるのは、少額でも急に必要になった人たちである〉

（朝鮮日報）

●上限金利が下げられ商売にならなくなった貸付業者

先も書きましたが、韓国の上限金利は、民間に借金を勧めて経済を立て直す政策の副作用として、しばらくは66％となっていました。しかし、韓国では「進歩派」「左派」とも言いますが、リベラル派政党（現在の最大野党「共に民主党」など）から、庶民を守るため、金融機関の欲張りを阻止するためという名分のもと、もっと上限金利を下げるべきだという主張が提起されました。２０２１年7月からは20％になっています。

しかし、金利というのは、そういう「善悪論」（貸すほうは強者だから悪、借りるほうは弱者だから善）で決まるものではありません。それまで高かったのは、相応の理由がありました。家計債務が大きく、多重債務者も多く、金融圏が第1、2、3と分かれているため、少なくとも制度圏内（合法の枠内）で人がお金を借りるようにするためには、金融機関、第1はともかく第2、第3にも、相応の利益が残せる構造を作っておく必要があったのです。

この20％という金利の中では、第2、第3で、利益出せなくなる金融機関が続出しました。「朝鮮日報」は、「優しい上限」のせいで、仕方なく違法金融業者のところに追い出される人が急増するおそれがあると指摘しています。実際、これらの記事が出たのとほぼ同じタイミングで、貸付業者たちがさらに営業を縮小し、もう新規貸し出しは事実上中断するようになりました。

第3金融圏「貸付業者」たちは、主に貯蓄銀行やキャピタル社から資金を借りるなどで資金を調達します。貸付業者と銀行を比べることは、まず規模からして無理がありますが、「預金」がある第1・第2金融圏に比べて、貸付業者は資金を調達するために結構な費用を払います。その分、信用が低い人たちに、高い金利で融資を行う仕組みになる。それが貸付業者の弱点ですが、同時に、金融システムにおいて彼らの存在意義でもあります。しかし、相次ぐ金利引き上げにより、貸付業者たちも、資金調達費用が急激に上がりました。お金を貸すというイメージしかない彼らですが、資金調達においては、彼らもまたお金を借りる側でしかないわけです。しかし、上限金利は20％までと決まっているため、商売にならなくなりました。ここからは、2022年12月5日「マネートゥデイ」の記事です。

〈……イ・ジェソン貸付金融協会専務理事は、「満期延長契約を一部延長する以外、新規ローンは無くなったと見れば良い」とし、「貸付業者は貯蓄銀行やキャピタル社から借りる調達費用自体が高いが、年初だけでも5％前半だった調達金利が、8％台に上がって、運営が難しい」と話した。続いて、「貸付業者のところに来るのは、銀行取引やカード発行すらできない方々であり、普通、信用ローンで300～500万ウォン、担保ローンは3000～4000万ウォン程度を、おおむね1年間借りて、それでなんとかピンチを乗り越える」「もう、サチェなどに流れることになるだろう」と懸念を示した……もちろん、上限金利とは、過剰な利子を受け取らないようにするための安全装置だ。しかし、いまのような金利引き上げ期には、その影響で貸付業者からも貸出が受けられず、制度圏の外に流れることになる、と指摘されている。95万ウォン借りて1200万ウォン返済、年利率

１０９１％～５２１４％に達する高金利など、サチェ業者が相次いで摘発されている〉
（「マネートゥデイ」）

●そもそもお金を「貸さない」手口が流行

引用部分にもありましたが、金融関連の記事が増えるに連れ、違法金融業者である私金融（サグミュン）や私債（サチェ）で「相談または申告の件数が増えた」というニュースも多くなりました。でも、実は「違法」の手口も前からいろいろ変わってきて、最近はそもそもお金を「貸さない」手口が流行っている、とのことです。

「韓国日報」（２０２２年12月12日の記事）が大邱《テグ》で10年以上貸付業を運営しているA氏に直接聞いた話ですが、最近の違法金融業者、私債や私金融の場合、「いままでのように、お金を高金利で貸し出すのではなく、最近は、そもそもお金を貸すつもりが無い」、とのことでして。

「もし、誰か３００万ウォンが必要な人が、『彼ら』を利用することになったとします。では、彼らは、その利用者に、『まず、信頼を積み上げるべきではないでしょうか』という名目で、20万ウォンを先に貸して、月利子20万ウォン（年利率1200％）を受け取ります。同じことを数回やれば、一人から80万ウォンぐらいなら『吸い出す』ことができます。では、その後に300万ウォンを貸してくれるのか。いいえ、貸しません。そこから連絡が取れなくなります。これが最近流行している手口です」と、貸付業者A氏は話しました。先の「30・50」記事と組み合わせて考えると、本当に急にお金が必要な人たちがこんな手口にかかったと思うと、恐ろしいとしか言いようがありません。これなら、まだ229％がマシに見えてしまいそうです。

ただ、私は、それら「相談や申告が増えた」とする数値は、あまり参考にしていません。あまりにも一部だから、です。2019年11月13日「消費者経済」というネットメディアの記事によると、サグミュンやサチェの利用者のうち、64・9％の人たちが、何かのアクションを取るつもりはない、と答えました。私見ですが、これは、あとが怖い、何をされるかわからないというのもあるでしょうけど、他の理由もあります。

たとえ200％超えでも（さすがに5214％はないと思いますが）、利用者たちは、その業者を「無くては困る」存在だと思っているのではないでしょうか。頭が痛いというか、悲しい話ではありますが。200％でもいい、貸してくれるだけでありがたい、と。まるで、暴力を振るう夫に「それでも、ありがたい」と勘違いしている妻のような心理です。

●日本の「個人金融資産」は2005兆円

これで、家計債務1870兆ウォンの影響は、ある程度はお伝えできたかと思いますが、次の「ヨンクル」の話に移る前に、「では、韓国の『個人金融資産』はどれぐらいあるのか？」という側面について、考えてみないといけません。韓国の個人金融資産はどれぐらいで、日本でもたまに問題になる「金融資産の格差」はどうなっているのでしょうか。たとえば、「ひと握りの人たちが、全金融資産の○%以上を持っている」という記事。たまに目に付きますが、そういう側面はどうなっているのでしょうか。

以下、読者の皆様の「体感的」な面からも、日韓において似たようなデータを、簡単に比べてみたいと思います。ただし、本書ではなにかのデータを比較する際にほぼ例外なく同じ趣旨を書いていますが、「それぞれ基準が違うので、単純に比べることはできない」ことだけはご理解ください。また、日本、米国などの場合は不動産などより金融資産のほうが大きいですが、韓国の場合は、金融資産よりそれ以外（主に不動産）がもっと大きいのが特徴です。ここでは「いざという時に使える資産」ということで、金融資産だけにします。余談ですが、韓国の他にもオーストラリアなど、不動産バブルや家計債務で問題が起きたところは、不動産など実物資産が大きくなっています。

まず、日本ですが、「読売新聞」(2022年6月27日)によると、「3月末時点で、個人の金融資産は前年比2・4%増の2005兆円で、年度末として初めて2000兆円を超えた。投資信託の残高の増加に加え、円安による外貨建て保険の評価額の上昇も追い風となった」となっています。本書では、他の章でも「企業の内部留保(使わなかった資金)」が500兆円を超えた、海外にある日本の資産もとんでもないことになっている、などのデータを紹介していますが、本当に日本は金融関連で強い国だな、と思わざるを得ません。

野村総合研究所のデータを分析した、幻冬舎GOLD ONLINEの2022年7月28日の記事によると、日本に「富裕層」は124万世帯存在する、とのことです。記事によると、富裕層というものに共通した基準は無く、野村総合研究所は「世帯が保有する預貯金や株式といった金融資産から、負債を差し引いた額」、すなわち「純金融資産保有額」が1億円以上の人を富裕層にしている、とのことです。該当記事も同様の基準を適用しています。

その富裕層は、日本の全世帯の2・3％、124万世帯。彼らの純金融資産保有額は97兆円で、全体の6・2％です。もっと範囲を広げて、アッパーマスと呼ばれる「純金融資産保有額3000万円以上」の人たちまで含めると、全世帯の約20％で、彼らの純金融資産保有額は約900兆円（約57・8％）。記事は、これでも「2割の人たちが、資産の6割を持っている」と問題視しています。

●韓国の「個人金融資産」が4924兆ウォンでも危ない理由

ここから韓国の個人金融資産データになりますが、こちらは記事に「純」という記述はありません（負債を引いていない、普通に個人の金融資産）。また、世帯ではなく「人」になっている点など、基準がいくつか異なることも念頭に置いてください。

それで、韓国の個人金融資産は、4924兆ウォン。家計債務が1870兆ウォンとされているから、これなら大丈夫なのではないか、という見方もできるかもしれません。しかし、ちょっと違います。なにせ、韓国のニュース通信会社「ニューシース」（2022

年12月4日）の記事によると、金融資産10億ウォン以上を富者（ブジャ、大金持ち）とした場合、富者の数は42万4000人で、総人口で考えると0・82％しかありません。ですが、この0・82％の人たちが、金融資産の58・5％（2883兆ウォン）を所有しています。さらにデータを絞ると、もっとも上位の富者0・02％が、全体金融資産の27・4％持っている、とも。

KB（国民銀行）金融グループが発刊した「韓国富者（金持ち）報告書」という分かりやすい名のレポートによると、2021年末基準で、金融資産10億ウォン以上を保有した個人、レポートでいう「韓国の富者」は42万4000人でした。これは韓国総人口の0・82％に該当します。これは、前年の同じ調査（2020年末基準）の39万3000人とくらべて3万1000人、なんと8・0％も増加した数になります。

これは、さすがに富者となるとお金の流れが分かっているのか、価格が本格的に下がる前に不動産を処分したりして現金を確保したからとの分析も出ています。2021年、彼ら0・82％の富者たちが保有する総金融資産は、2883兆ウォンでした。家計総金融資産4924兆ウォンの58・5％を占める割合となります。日本に比べて、その格差が桁違いです。

しかし、上には上があります。報告書は富者を、いくつかに区分しています。金融資産10億ウォン以上・100億ウォン未満を「個人資産家」、金融資産100億ウォン以上300億ウォン未満を「個人『高』資産家」、金融資産300億ウォン以上は「個人『超』高資産家」にしています。富者（金融資産10億ウォン以上）のうち90・7％の38万5000人は、普通の資産家クラスでした。7・3％の3万1000人は高資産家で、超高資産家は2・0％の8600人。「超」高資産家の数は、全体人口比だと、0・02％にしかなりません。

彼らが保有する金融資産の規模は、資産家が991兆ウォン、高資産家544兆ウォン、超高資産家1348兆ウォン。それぞれ、家計総金融資産の20・1％、11・0％、27・4％を占めることになります。簡単に書きますと、総人口の0・02％が、国の総金融資産の27・4％を所有している、ということになります。不動産など入れずにこれですから、思わしくない意味ですごいものですね。リーマンブラザーズ事態のようなものがまた起きるとしても、この人たちは大丈夫でしょう。

●日韓両国の65歳以上を対象に「年金受給実態調査」の結果

しかし、サブプライムローン事態をはじめ、すべての金融危機というのがそうですが、問題は「弱い環」のほうです。チェーンの強度は、もっとも弱い環の強度で決まる。「もっとも弱い環の原則」と言います。チェーンを引っ張ると、他の環の強度がどれだけ丈夫でも、弱い環が一つでもあると、そこでチェーンは破壊され、チェーンとして機能できなくなります。

これだけ格差が広がっていて、年金システムはまだ疑問視されているなか、不動産価格が下落し続けると、そもそも、必要なときに売れなくなったら、そのとき「富者」以外は、どうするのでしょうか。いや、多くの富者たちも同じ運命かもしれませんが。

ちなみに、金融資産とは違いますが、同じく趣旨的に「老後の資金」ということで、日韓の年金受給額も簡単に比べてみます。

２０２１年11月15日に韓国経済研究院が発表した内容によると、日韓両国の65歳以上を対象に年金受給実態調査結果、個人世帯基準で韓国の年金受給額は月82万８０００ウォンで、日本（データ集計時点の為替レートで１６４万４０００ウォン）の50・４％に過ぎません。韓国の65歳以上のうち、公的年金を受給する割合は83・9％（日本95・1％）、私的年金受給比率は21・8％（日本34・8％）。韓国の公的年金の月平均受給額は、個人世帯66万9000ウォン、夫婦世帯で118万7000ウォンでした。

日本の場合、当時の為替レートでウォン換算すると、公的年金月平均受給額が個人135万3000ウォン、夫婦226万8000ウォン。研究院は、「韓国に比べて約2倍のケースが多い」としました。

第二章　韓国の社会問題「ヨンクル」の末路

●「霊魂」まで掻き集めて借金して投資する「ヨンクル」

日本では、アニメや映画などで、人かなにかの霊を「お前は『霊』なのか？」と言ったりしますが、韓国では、「霊」の字を単独で（字一つだけで）用いることはほとんどありません。なにか神秘的または宗教的な意味で「霊的な〜」「神霊な〜」としたり、人の霊は「霊魂（ヨンホン）」と書いたりします。低俗な言葉では「鬼神（グィシン）」とも言いますが。そこで、人の霊、すなわち「霊魂（ヨンホン）」まで掻き集めて（クル－オ－モア）、すなわち使えるものは全部使って借金しまくって、なにかに投資すること、それを「ヨンクル」と呼ぶようになりました。

いまの韓国の経済を診断するにおいて、「ヨンクル（영끌）」という単語を外すことはできません。多くのメディアにこれといった事前説明なしに「ヨンクル族」と出てくるほど、韓国では、大きな社会・経済問題となっています。ヨンクルは不動産投資だけに限られる言葉ではありませんが、2021年初夏あたりまで続いた低金利・住宅価格上昇期に、30代、20代の間で無理してマンションを購入する投資が流行り、この「青年層とマンション」が、ヨンクル問題のもっとも中心に存在します。

韓国は、もともと「チョンセ（伝貰）」といって、一定額の保証金を大家に預けて、家を借りるシステムが根付いています。最近はチョンセのための保証金も高くなり過ぎて問題になっていますが、伝統的に、いったん家を借りて、そうやって経済的に成長して、それから家を買うのがサクセス・ストーリーでした。だから、20代～30代が家を購入することは、よほど恵まれた人たちでないかぎり、一般的ではありません。

しかし、低金利時代、新型コロナ対策などで各種融資が受けられやすくなったなどで、20代、30代が家を購入することが増えました。実は、ここには「マンションを買うことこそ身分上昇」という心理も入っています。朝鮮末期、貴族の家系図をお金で買う人たちが増え、身分社会が崩壊する事態となりました。あのときと似たような気もします。この心理に関する部分は、もう少しあとに集中的に取り上げることになります。

●30歳以下の「多重債務者」の借金は158兆1000億ウォン

家の価格が高い韓国、首都ソウルだと、郊外といっても、そこそこ良い物件はまず十億ウォン以上です。だから、一部からは、「親を動かさないとマンション購入などまず無理」

としながら、「ヨンクル族」はある程度は裕福な家柄の子だと指摘する人もいます。しかし、また別の人たちは、本当に無理して資金を掻き集めただけだと指摘する人たちもいます。自慢することじゃないけど、だてに霊魂を名乗ってない、と。まあ、人それぞれですから、決して貧しい層ではないにせよ、そこまで裕福な人たちでもないといったところでしょうか。

ただ、韓国金融研究院が2021年4月末に発表したデータによると、30歳以下の多重債務者（ここでいう多重債務者とは、3カ所以上の金融機関から貸出を受けた人を意味します）の借金は、158兆1000億ウォンで、2017年末と比べて32・9％も急増しました。この全てがヨンクル族によるものではないでしょうけど、いくらなんでもここまで急増する理由が他に見当たりません。少なくとも、生活費や学資金のための借金ではないというのが一般的な見解です。

裕福な家柄なら、なぜ多重債務者がこんなに増えるのか、そういう見方もできるでしょう。それに、ある程度裕福な家柄だとしても、「マンション価格はこれからも上昇し続ける」という信念に自分、または親の未来を賭けた無謀な人たちだということは、間違いないでしょう。

このヨンクルが詳しくどれぐらいいて、どれぐらいの債務を背負っていて、そのなかでリスクがあるものはどれぐらいなのか。公式データは、そうですね、私が知っている限りだと、ありません。ただ、不動産投資（※ヨンクルは不動産関連に限られるものではなく、株式や暗号通貨などにも存在します）に限られた人数と債務規模なら、推測値が出ています。

「ソウル経済」は2022年12月18日の記事で、おそらく、集計しやすさも考えての設定だと思われますが、住宅価格が上昇していた時期を「2020年1月から2022年6月まで」とし、その間に住宅担保で新しくローンを受ける（買う予定の住宅をそのまま担保にすることができますので）、または既存のローンから新規の分を追加（増額）した人たちの数と、その金額を調べてみました。すると、推算ではありますが、226万人、394兆ウォンという結果になりました。

彼ら全員が高いリスクに晒《さら》されていると言い切れるわけでもありませんし、彼ら「だけ」が問題だというわけでもありません。なにせ、このデータは「住宅担保」ローンだけのもので、信用（担保なし）などのローンは含まれていません。それに、ヨンクルには不動産以外の分野に投資した人たちも多いため、全体規模からするとこれは一部にすぎないでしょう。でも、こういうデータは珍しいし、大まかに規模を把握するため役に立ちそうなので、紹介します。

〈……住宅価格の上昇期に住宅担保ローンを新規に受け取ったり増額した借主が226万人以上だとわかった。ローン金額では約394兆ウォンに達した。基準金利の引き上げでローン金利が急速に上がり、相対的な資産の貧困を避けようとした「いわゆるヨンクル」たちが、逆に大きな経済的な困難を経験するだろうとの懸念が提起される。18日、NICE評価情報によると、2020年1月から2022年6月まで住宅価格が上昇した時期、住宅市場に新たに参入したり、ローンを増額した人は合計226万2000人、貸出金額は393兆6000億ウォンと集計された（※新規住宅担保ローン153万2000人・230兆7000億ウォン、増額73万人・162兆9000億ウォン）……問題は、来年も金利引き上げが持続し、景気低迷の懸念などで、国内外の高強度緊縮基調が続くということだ〉

（「ソウル経済」）

●「ヨンクル」の不動産購入の聖地・ソウル近郊の「ノドカン」

結構前になりますが、本にもブログにも、韓国は年金制度が弱く、引退が早いということもあって、自営業者が急激に増えたという内容を書いたことがあります。専門的な知識もノウハウも無しに、引退後のために「創業」したからです。でも、そんなことでうまくいくはずもなく、珍しく良い結果が出せた人たちをテレビやネットなどで英雄のように取り上げる風潮とともに、結果的には50~60代の人たちに大きなダメージを残し、自営業リスクはいまも続いています。

ちなみに、なぜか韓国では自営業者（小商工人）の債務は家計債務として集計されません。あのときと似たような現象だ、とも言えるでしょう。低金利を利用し、いま家を買えば身分上昇できるという漠然な期待とともに、マンションを買う人たちが続出しました。中心は、若い世代でした。しかし、金利が上がり、マンション価格も下がり、約2年前にマンションなどを買うために銀行からローンを受けた人たちの場合、２０２２年末には元利金の返済が2倍に増えることになると言われています。ちなみに、家計債務の約75％は変動金利です。

それに、結果良ければなんとやらとも言いますが、そこまでして結果が良かった、買ったマンションが値上がりしたなら、まだ分かります。しかし、金利が急激に上がり、マンション取り引きがほとんど止まり、価格も下がり出しました。

ヨンクルの聖地とされる、「ノドカン」という言葉があります。つい1～2年前まで、不動産関連のネット放送などで、この言葉は本当によく出てきました。ここを買えば間違いない、いまこそ自分の家が買えるラストチャンス、家が無いと人として扱ってもらえない、などなどと、扇動的なフレーズとともに。これはソウル郊外のノウォン、ドボン、カンブク地域のことで、不動産購入での一攫千金《いっかくせんきん》を求めた青年たちの夢の地でした。

そして、その試みは、一時は、成功するように見えました。なぜなら、該当地域が有名になるから、そこを買えばいいんだなという考えのもと、家を購入しようとする人たちが集まったからです。しかし、韓国のマンション価格は、2022年夏あたりから上昇が止まり、少しずつ下落しました。10月あたりから下げが加速、12月2週には、全国で0・79%、首都圏で0・65%下落し、関係者たちをびっくりさせました。

1週間で0・79%だと、4週間（1カ月）で3・16%、もし52週間（1年）このままのペースなら、41・8%の下げとなります。また、これはあくまで全国データ。いままで投資関連で話題になっていたところは、もう大変なことになっています。

●高金利と住宅価格下落による「ヨンクル」たちのリスク

「毎日経済」（2022年11月8日）の記事によると、先の「ノ・ド・カン」でも、マンション価格が大幅に下がるようになりました。記事は主にソウル・ノウォン区での実例をあげていますが、4億～5億ウォンずつ価格が下がるマンションが続出している、とのことです。

記事は、国土交通部のデータをもとに、ノウォン区のセントラルアイパーク専用84㎡の価格が、最高価格だった2021年8月の12億5000万ウォンから5億ウォン（42%）も下落した7億5000万ウォンで取り引きされたこと、ロッテ・サンア・マンション専用114㎡も直前の取引だった昨年7月の最高価格11億9000万ウォンより4億4000万ウォンも下落した7億5000万ウォンで取引されたこと、などなど複数の事例を指摘しています。高金利と住宅価格下落による、「ヨンクル」たちのリスクが高くなるという警告とともに。

特に、ノウォン区の場合、２０２１年に不動産を購入した人のうち、20～30代の比率が49・３％だった、とのことです。購入希望者が集まり、住宅価格の上昇率も全国で１位を記録しました。不動産購入者の約半分が20～30代だなんて、韓国では考えられないことです。しかし、今年に入って金利引き上げが相次ぎ、利子の負担が増え、マンション価格なども著しく下がりました。今年には、逆に「下落率」で全国１位になった、とのことでして。

〈……昨年あたりに貸し出しを受け家を買ったヨンクルたちの悩みは、しばらく続くものと見られる。去る２日、米国中央銀行である連邦準備制度理事会が４連続ジャイアントステップ（基準金利０・75％ポイント引き上げ）を行い、韓国銀行も今月24日に開かれる金融通貨委員会で金利を引き上げると予想されているためだ。そのような最近の傾向からすると、今年末の住宅担保ローンの最高金利は、２００８年から14年ぶりに、年８％線を突破すると予想されるという点だ。この場合、４億ウォンを30年満期、元利金均等条件で借りた人は、月々の利子だけで２６６万ウォン、元利金にして２９３万ウォンを納付しなければならない。韓国銀行のデータ統計結果では、金利が上がる前の昨年には年４％金利だったので、それと比較すると、１人当たりの平均年利子負担増加額は約１６３万ウォンに達する。

追加の金利引き上げは、すでに低迷期に入っている不動産市場をさらに凍りつかせると予想される。特に自己資本が少なく、購入費用の相当部分をローンにした20、30代のヨンクルたちは、受ける影響も大きいだろう。不動産関連シンクタンク「ブテントク」のジョン・ソンジン代表は、「金利引き上げの影響を受けた彼らは、最近数年間、不動産価格が急騰していた時期にノウォン・ドボン・カンブクなどソウル外郭地域を中心に『急いで購入しないと』と、パニック買いをした人がほとんどだ」「相次ぐ政府の措置にも、住宅価格が下がらなかったので、いま買わないといつまでも家が買えなくなると思ってしまい、マンション購入に走ったのだ」「しかし、最近は金利が相次いで上がり、その買った家を売りたくても、買おうとする人もいなくなった」と話した……〉

●6万世帯を超える未分譲マンションに外国車のおまけ

このように、一時、「買わないのはバカ」のような雰囲気だった各地のマンション価格が、明らかに下落しています。円にして数千万円単位の値下がりも、珍しくありません。

それもそのはずで、未分譲が増えています。マンションについては、本書の別の章に書いていますが、基本、「竣工する前に購入（全体金額を契約金、中途金、残金に分けて支払うという期日付けの契約）」となります。なにもないところにモデルハウス作って「ここにマンション団地作ります。きっと値上がりしますよ」としておけば、人がいっぱい集まって、抽選を通過しないと買えなくなります。

そんな韓国でも、未分譲があります。「マネートゥデイ」12月13日の記事によると、全国でみても、2022年10月基準で未分譲は4万7217世帯。これは、その1年前の1万4075世帯に比べ、3倍以上増えた数値です。韓国では、自分で確認できる実際の取り引き価格以外は、住宅価格関連統計は信じるなという格言（？）のような話もありますが……この未分譲にも申告しない未申告物件がかなり多いということで、それまで考えると全国未分譲はすでに6万世帯は超えているだろう、と業界の人たちは話しています。記事は、「分譲業界では、通常、未分譲が5万～6万世帯を超えれば、住宅市場が本格的に沈滞したものとみなす」としながら、このように書いています。

〈……（※いくつかのマンション団地の値下がりを実際に確認した数値で報じながら）こ

れらの団地は、未分譲が多く発生しすぎて、いまは入居者募集公告の取り消しを検討中だ。沈滞が長期化すると予想しているからだ。でも、いまからでも事業を取り消すことができる状況なら、それはまだいいほうかもしれない。すでに分譲中の団地は、未分譲の分を何とかするために出血大サービス中だ。すでに契約金分納制、バルコニー拡張工事無料、中途金ローンを無利子にするなどは、もう一般的になった。実際に契約せず、契約を申請するだけでもデパートの商品券をプレゼントしたり、抽選を通じて外国車、家電製品などを提供する破格の特典が多い〉

（「マネートゥデイ」）

先に分譲を受けた（普通の条件で契約した）人たちからの非難も強く、一部では器物破損などが起きている、とも。記事は、「来年1月までに一般分譲物量の半分だけでも売れないと、各種代金や借金の返済などがとても間に合わない」と話す、ある施行会社（※マンション団地建設などのプロジェクトを総括する会社）関係者の言葉を紹介しながら、「会社が倒れる臨界点まで、あまり残っていないわけだ」、と指摘しています。さあ、どうでしょうか。これまたケース・バイ・ケースだとは思いますが、住宅担保ローン金利がすでに第1金融圏でも7％台に入っています。外国車につられてマンション買う人がどれぐらいいるのでしょうか。

●韓国人にとって「家」とは、身分上昇の手段

先に、銀行の実際の事例として「大企業職員Aさん」の話を紹介しましたが、そのように利子負担が高くなっていて、しかもマンション価格まで下がるとなると、心理的にものすごいストレスになるでしょう。特にヨンクルもそうですが、韓国で「家」というのは投資の、身分上昇の手段であり、「住む」というところまで考えている人はそういません。マンション価格は高すぎるけど、それでもまだ高くなるという信念のもとに霊魂レベルで掻き集めた借金。それは、現実的にも、そして心理的にも、生活そのものを圧迫しています。

金利引き上げによる家計債務問題が本格的に話題になったのは2022年10月からですが、その前から、各メディアは家計債務問題を指摘しながら、「給料の半分が元利金の返済に使われることになる」というフレーズをよく用いていました。ですが、2022年11月あたりからは、一部のメディアにて、このフレーズに微妙な変更が見られるようになりました。「『本当に』給料の半分が元利金の返済に使われることになった」というのです。

一つ一つ引用はしませんが、インスタントラーメンで食事を解決するしかないと話すヨンクルさんの記事もありましたし、地上波放送局がチョンセ（家を借りるシステム）保証金の利子負担のために「昼食が取れなくなった」と話す若い女性会社員のインタビューを放送したりしました。債務を増やして資産を増やす（不動産値上がりを待つ）という考えからなんとかしなければならない、という指摘もよく聞こえてくるようになりましたが、どうでしょうか、それを言うなら、この分野だけでもないでしょう。

●マンション価格の急落に、政府に対策を要請

本書ではヨンクル繋《つな》がりで、ソウルの一部地域を取り上げましたが、このマンション価格の急落において、一部の専門家は大邱《テグ》広域市に注目しています。それは、市長自らマンション価格を「暴落」と言い切り、政府に対策を要請したりしましたから、話題にもなるでしょう。

先の記事の引用部分にも「いまからでも取り下げられる事業なら、まだマシ」という内容が出てきますが、まさにそのとおりです。12月19日大邱MBC、「ソウル経済」など複

数のメディアが報じている内容ですが、大邱市で人気だったエリアの場合は価格が半分になったマンション団地も少なくなく、それでも取り引きがほとんどありません。

さらに問題になるのは、この大邱地域、2023年にマンションに入居する世帯が3万5000世帯もある、ということです。これがどういうことなのか。本書の別の章でも論じておりますが、韓国でのマンション販売は、基本的に竣工前に行われます。マンション団地を建設する前に購入（契約金を支払い、それからの代金である「中途金」と「残金」支払いの日付まで決めて）する形になり、完成して入居する日付もその時点で決まっています。すなわち、2023年に入居するマンションなら、すでに数年前には「販売」が終わっていたわけです。

●不動産市場関連で懸念されている問題

2023年にマンションに入居する予定だから、とにかくマンションは完成させないとならないでしょう。最近は資材なども高くなったし利子負担も増えたのでマンションを作るほうも大変でしょうけど、とにかく2023年に入居だとして販売（すでに販売済み）

したので、作らないといけません。その分が、3万5000世帯分あります。だから「2023年にマンションに入居する世帯」という予言みたいなデータがはっきり出てくるわけでして。さて、彼らもたぶんこれから利子負担で困ることになるとは思いますが、それはともかくとして。

初めて家を購入した人ならそれでいいかもしれません。でも、似たような投資を繰り返して、前に住んでいた家があるなら、その家を売らなければ、残金が支払えません。入居前に残金まで支払いを終えないとなりませんから。いまは取り引きがほとんど無いので、中途金、残金が支払えるのか？　という疑問が指摘されている所以《ゆえん》です。

もし売れたら売れたで、それがさらに地域のマンション価格を下げる要因になるのではないでしょうか。最近は新規ローンも難しくなったし、安い価格で売りに出すしかないからです。一部のネットメディアでは、ヨンクルなどもあって首都圏でのマンション価格下落が注目されているけど、不動産市場関連で懸念されている問題、関連会社のドミノ倒産、バブル崩壊などが始まるのは、首都圏ではなく地方の大都市、たとえば大邱市ではないのか、そんな見解も出ています。

余談ですが、大邱市の合計出生率は0・78で、データ作成時点の全国0・81より低いほうでした。また、「区」単位で見ると0・45、0・55の区があって、韓国でもっとも合計出生率が低い10の区のうち、二つが大邱にあります。

あとで合計出生率についてもまた論ずることになりますが、私には、これがソウルの縮小版にも見えます。ソウル・京畿道《キョンギド》・仁川《インチョン》広域市を首都圏としますが、その首都圏にも、2023年15万世帯分の新規住宅が予定されています。

●「借入金（ビッ）で投資（トゥザ）する」

無理をしての投資は、不動産だけではありません。ヨンクルとほぼ同じ意味ではありますが、「ビットゥー（빚투）」というのもあります。この言葉は、「ミートゥー」から来たもので、「借入金（ビッ）で投資（トゥザ）する」とも、「私もお金借りるぞ」でビットゥーとも言われています。これもヨンクルと同じく、大手メディアがこれといった説明無しに記事に引用するほど、有名な言葉です。

ネットでは、表記は違いますが発音がほぼ同じ「借金（빚）」と「光（빛）」をかけて、「借金から光を求めた」という皮肉も目につきますが、意外と的確な表現かもしれません。

ビットゥーの現状に、光など見えません。

各メディアの記事を読んでいると、主に不動産、マンション購入関連で「ヨンクル」、それ以外の株式やコインなどを「ビットゥー」と書くようになった、そんな気がします。ただ、これは私の個人的な感覚によるもので、これといって決まりがあるわけではありません。稀代《きだい》の債務経済だから、でしょうか。用語も多くて混乱します。

経済紙「韓国経済」の2022年11月3日の記事によると、若い世代の基礎生活受給（※日本の生活保護のような制度）者が、急激に増えています。その原因は、ヨンクルやビットゥーです。韓国社会保障情報院が11月に発表したデータが元ですが、基礎生活受給者に選定され、政府支援を受けている人のうち、20〜30代の若者が、最近5年間で約2倍近く増加しました。

これは、私のちょっとした持論ですが、韓国の社会問題は、「急すぎる」というのが最大の問題です。たとえば、自殺率とか少子化とか、そんな問題が、あるか無いか、あるならどれぐらいあるのか、そういうのももちろん重要ではありますが、韓国の場合、それら問題が波及する速度が早すぎます。そして、なかなか改善しません。

この「若い世代の基礎生活受給」問題もまた、絶対数より、その増加速度が半端ありません。まだ金利がそこまで話題にならなかった2022年7月基準ですが、韓国の20〜39歳の基礎生活受給者数は24万5711人。福祉施設などに入所している人員を除けば、23万6744人となります。これは、ちょうど5年前の2017年同時期に発表されたデータ16万2750人と比較すると、51％も増加した数値です。

●韓国の20代、30代の「生活保護受給者」は、日本の4倍

同じような調査をKBS（2022年10月29日）も行ったことがありますが、その際にも20代・30代の基礎生活受給は2022年8月基準で24万5000人で、5年間で1・7倍という結果になりました。またもや制度そのものが同じではないので単純比較は難しいでしょうけど、日本の場合、令和2年時点で20代・30代の生活保護は約14万9000人だそうです。KBSの記事にある24万5000人を人口比で考えると、日本の約4倍以上ということになります。

各記事は、この原因として、ほぼ例外なくヨンクルやビットゥーを指摘しています。以下、ビットゥーについて、マンション以外の部分を引用してみます。ここでも、若い人た

ちの話にご注目ください。

〈……国の未来を担っていかなければならない20代、30代、MZ世代（※1980年代初頭から生まれたミレニアル世代と1990年代半ば～2000年代初めに生まれたZ世代）に代表される人たち。彼らが、債務に苦しんでいる。近年、不動産、株式市場などが急に盛り上がり、彼らは、資産を手に入れなければそのまま負け組だと、そう扱われた。彼らは若さという覇気とデジタル機器を通じて得た多様な情報などをもとに、ヨンクルやビットゥーを躊躇《ためら》わなかった。いまは、歴代最も債務が大きな青年層と言われるようになった。いまは不動産も株価もコインも下落、金利上昇とともに、彼らは貧困層に転落している。

20～30代の債務が増えたきっかけは、株式市場が活況だったためだ。証券活況期と呼ばれた昨年の証券市場は、連日最高値を更新した。昨年6月、コスピ指数は歴史上初めて3300ラインを突破した。当時だけでも新型コロナで主要国の通貨緩和政策及び財政政策で、市場に流動性が溢れていたのだ。指数が連日最高値を更新すると、株式情報を提供するテレビ番組が増え、「在野の投資名人」とされる人たちの成功談が相次いで紹介された。

これに、大型企業が相次いで企業公開（ＩＰＯ）に乗り出し、個人投資家の資金が大挙して証券市場に流れてきた。

個人投資家のなかでも特に情報取得に長《た》けていた20代・30代の投資熱気が熱かった。未来（ミレ）資産証券によると、昨年の公募株に対する20代・30代の1人当たりの申請金額は2億６７００万ウォンだった。２０２０年の1億１４００万ウォンに比べ、２倍以上増えたのだ。これは、所得水準も資金力も弱い20代・30代が、融資などで資金を用意し、投資に乗り出したためだ〉（「韓国経済」）

●青年の20％以上が「法的に住宅でないところ」に住んでいる

青年貧困については「ソウル研究院」という機関の調査結果で、２０２２年初頭から話題になりました。所得の場合は中位所得（所得が多い順で全社会構成員を並べて、人数でちょうど真ん中になる人の所得）の半分以下の所得を「貧困」とし、住居の場合は「法的に住宅でないところで住んでいる」を貧困にする、などなどの判断で、ソウルに居住する18～39歳の青年３０００人の貧困を調べたものです。

データは定期的に集計されていますが、私がブログで紹介した2022年1月3日発表データを見てみると、ソウルに住む青年10人のうち8人はなんらかの貧困状態にあります。教育・力量（ニートなど）、労働（失業など）、住居（住居環境）、健康（うつ、自殺なども含めて医療関連）、社会的資本（人間関係、社会的孤立など）、福祉（食生活の欠乏など）の7つの領域のうち、一つ以上の貧困状態にある青年が86％。3つ以上の領域が欠乏した青年は42・5％。重複選択もできるので合わせて100％になるわけではありませんが、経済52・9％、教育・力量22・9％、労働35・4％、住居20・3％、健康40・3％、社会的資本37・4％、福祉22・9％。

調査対象の20％以上が「法的に住宅でないところ」に住んでいるというのも凄い話ですが。5つ以上の領域で貧困状態の青年も10・5％。2020年7月、ソウル市の青年人口は311万4704人だったので、約32万7000人となります。

●日本とは意味が異なる、韓国人の「剝奪感《はくだつ》」

ここでは、前述してきた韓国の家計債務、特にヨンクル、ハウス・プアなどの問題において、「剝奪感《はくだつ》」たる心理との関連性について綴りたいと思います。

まず、日本ではほとんど聞かない言葉ですが、「剝奪感（バクタルカム）」について簡単に説明しますと、「当然、自分のものであるはずのなにかを、奪われたとする感覚」のことです。日本語の場合、剝奪となると、何かの資格を持っている人に対し、相応の理由でその資格を取り上げる場合に用います。ある人物がすでに持っているライセンスかなにか、たとえばスポーツのチャンピオンの座などを、何かの違法行為がばれたことにより「剝奪」、そんなときに目にします。ここまでは韓国語でも同じです。

でも、日本語で「剝奪感」という言葉は、そうですね、少なくとも私は聞いたことがありません。この剝奪感の核心は、実際に持っている権利や資格ではないにもかかわらず、いま自分がそれらを所有していないのは、「持っているはずなのに、いま現に持っていないのは、誰かに奪われたからだ」と思っている点です。ハッキリ言って、勘違いです。この点、先に書いた剝奪の意味とは大きく違います。

なにせ、持っていたわけでもないのに、「奪」された（うばわれた）と書く時点で、すでに矛盾しています。「持っていた」に相応するなにかの理由が無いなら、それは奪われたものとは違うし、実際に奪われたことが無いなら、奪われた感じがどんなものなのか、分かってすらいないでしょう。いろいろ不自然です。

でも、剝奪感を訴える人たちの論拠は、実に簡単です。「当然、持っていたに違いない」と信じてやまないからです。そんな人たちに「いや、違うでしょう」と言うと、「なんで人を見下すのだ。お前は悪い人だ」と怒られます。

●〈私の権利を台無しにした〉誰かが、ひどい目にあってほしい

この剝奪感の定義は、私が適当に創作したものではありません。韓国語にしかないと言われている言葉で、辞典にも載っています。高麗《コリョ》大学韓国語大辞典を直訳しますと、「権利や資格など、当然自分にあるはずのなにかを奪われたと感じること」で、心理学関連の専門家などは、「相対的剝奪感」と言います。

実はこれ、韓国では「民族情緒」とされる、恨（ハン）の基本的な心理そのものでもあります。韓国内では、恨（ハン）の民族だとする主張に反対する人はそういません。優秀な民族なのに、他の勢力、主に日本のせいで、正当に持つべき権利のほとんどを奪われてしまった、そんな民族だと信じているからです。

恨（ハン）は、「私が持っているはずの正当な権利を、不当な方法を使った誰かに奪われた」とする心理から始まります。その「誰か」がどこの誰なのかは分かりません。だから、ハンは消えません。

韓国人なら誰もが知っている民謡『アリラン』の歌詞、「私を捨てて行ってしまう『ニム（様）』よ、十里《り》もいかないうちに足の病気にかかってしまえ」によく現れています。ちなみに、字は同じですが朝鮮の里《り》は、日本の里の10分の1の距離です。たぶん、歌う主体は女性だと思われますが、ニム（様）すなわち「貴方」が誰なのか、どういうシチュエーションなのか、女性とはどういう関係だったのかは、まったく出てきません。似たような歌、派生したと思われる歌がいくつもありますが、大差ありません。

私は、同じく古くから朝鮮半島に存在した、「ノクトゥリ（넋두리）」が、アリランの、少なくともこの謎の歌詞の原型ではないだろうかと思っています。ノクトゥリは、最近は「愚痴《ぐち》を言う」という意味で使うことも多くなりましたが、もともとは、霊的なものでした。シャーマンによって呼び出された、死んだ人の霊、主に先祖の霊が、まだ生きている家族の一人に憑依《ひょうい》し、その人の口を借りて、残りの家族に対し、生前に言いたくても言えなかったことを話すという、民間信仰の儀式の一つでした。ノクとは、古い朝鮮半島の固

有語で「霊魂」の意味です。

残っている固有語が少ない韓国で、(意味は変わりましたが)いまでも普通に使われている言葉だけあって、ノクトゥリは、高麗とか朝鮮とか、そんな古い時代にはかなり流行《はや》ったと言われています。でも、いろいろと資料を読んでみると、その内容はほとんどが「生きている家族についての不満の表出」です。お前は〜だからだめだ、お前は〜だから悪いやつだ、私はお前の〜なところが大嫌いだった、そんな内容ばかりです。本当に、死んだ人の霊が、生きている家族に文句を言った可能性も、なんというか、無くはないでしょう。知らないけど。

でも、私は、こう思っています。それ、霊が言ったのではなく、霊が憑依した(とその場に集まった人たちから思われている)人、本人が言いたい放題に言いまくっただけではないだろうか、と。「霊」とやらが先祖の場合、本人の親にだって思いっきり文句が言えたので、そんな背景もあって流行ったのではないでしょうか。根拠はありません。ただ、そういうものではなかっただろうか、と。特に、儒教思想が民俗信仰と融合する形で広がった朝鮮時代は、家族同士にも序列が絶対的だったので、他に文句が言える方法もなかったでしょう。

『アリラン』が有名になったのも、こういう「誰かの文句を言う」として流行った可能性もあります。これもまた私見ですが、アリランの「ニム」は、特に誰かを特定しているわけではありません。歌い手が女性なのかどうかも、どうでもいいことです。ただ、自分を捨てられた存在にした（私の権利を台無しにした）誰かが、ひどい目にあってほしい、すなわち、存在するのかどうか分からない加害者に対する恨（ハン）の歌として、民の「受け」がよかったのではないでしょうか。

●「恨（ハン）」と「剥奪感」の高い相関関係

このように、恨（ハン）と剥奪感は高い相関関係を持っています。しかし、基本的には「誰が悪いのか」をはっきりできないし、実際に何か出来ることがあるわけでもないので、そのまま抑え込むしかありません。だから、鬱《うつ》状態になったり、病気になる人も少なくありません。韓国ではこれを、鬱火病、または火病といいます。最近はまったく逆の意味で、ちゃんと抑え込まず何でもカッと怒り出す人を火病と言う場合もありますが。

日韓関係はもちろんのこと、国内の事案についても、韓国にはいわゆる被害者ビジネス

（被害者という点を強調して各種恵沢《けいたく》を受け取ろうとする）が多く存在します。これもまた、社会に蔓延《まんえん》するこの恨（ハン）の心理を利用したものだと言えるでしょう。本当に悪いのかどうかは二の次、ただ「あいつが悪い」と標的を決めつけて、「だからあいつに怒ればいい」という名分さえ作ることができれば、社会的にかなりの支持を得ることができます。

もちろん、医学的にも、現代社会の副作用的にも、この恨（ハン）状態、相対的剥奪感をなんとかすべきだと思う、肯定的な方向性で悩む人たちはいます。漢方医学で、カウンセリングで、そして様々な書籍などで、彼らは相応の活動をしました。しかし、そのような流れは、長らく、そして広く根付いている、「恨」の文化の前では、大きな成果を出すことはできないでいます。なにせ、なんの戸惑いもなく「韓国人は恨の民族」だと言う人が多いですから。まるで、被害者だからと自慢でもするかのように。特に、この相対的剥奪感や鬱火病関連の研究は、青年層にはほとんど向けられませんでした。

なぜなのか。恨（ハン）とは、親が子に残すものであり、子が親のためにそれを晴らすのが「最高の親孝行」だからです。そういう観念があるためか、「若い奴らに相対的剥奪感などあるわけないだろう。自分で頑張ればなんとかなる」とする社会的雰囲気が強く、若い人たちが心のストレス、社会への絶望などを話しても、それを「剝奪感」と結びつけて考える人は、そういませんでした。まだ若いのに剝奪感も恨（ハン）もあるわけないだろう、もっと良い職業に就くことができれば、すべて治るから大丈夫だ、それだけでした。

●韓国で子が親から「もっとも言われたくない言葉」

就職優先という指摘が間違っているという意味ではありません。経済的に豊かになれば、世界観が変わることだってあるかもしれません。それに、韓国は、青年ニート率がかなり高い国です。「中央日報」など大手メディアが集中的に取り上げて特に話題になったのが２０１９年のＯＥＣＤ（経済協力開発機構）報告書（データは２０１７年基準）で、就職せず、教育訓練も受けない、いわゆるニート青年の比率が、韓国18・4％、36カ国のうち7位でした。

ちなみに、日本でもよくニートという言葉が問題になりますが、同データで日本は9・8％。当時、経済危機または長期的な経済低迷に襲われていたトルコ（27・2％）、イタリア（25・2％）、ギリシャ（22・4％）、メキシコ（21・3％）などもあるので、7位となると、事実上、五本指、または四天王です。だから、就職して頑張ればなにもかも解決できると、専門家たちは、青年層の心の問題を剝奪感とは別のものだと考えていました。どことなく、若い人たちをちょっとだけ見下している、そんな見解だとも言えるでしょう。

韓国で子が親から「もっとも言われたくない言葉」とされる、「なんでお前はサムスン（韓国最大の企業）に入れないの？」と同じレベルの幼稚さではないでしょうか。

でも、そもそも「若い人は恨を残すのではなく、親の恨を晴らす役」という考え方そのものが、微妙すぎます。復讐をテーマにした時代劇ならともかく、詳しく誰がどう悪いのかも分からないまま「ええい、これだから世の中って」と中二病みたいなことを言い残して亡くなった親の恨（ハン）って、子がなにをどうすれば晴らすことができるのでしょうか。世の中全般が相手じゃ、もう世界征服でもしないと無理じゃないでしょうか。そう、大人が恨（ハン）のなかで生きる姿を見て育った子は、恨（ハン）に依存するしかありません。青年層の心のなかにも、この相対的剝奪感はしっかりと根を下ろし、大きくなりつつありました。

●韓国の自殺率は、OECD不動の1位

一部の専門家たちがこの事実に気づいたのは、つい最近のことです。数年前から、自殺率データ関連でこの話が出てくるようになりました。韓国統計庁が発表した2021年死亡原因統計データによると、韓国の自殺率は、人口10万人あたり26人。OECDの集計方式に合わせると23・6人です。一応、ここ数年間で少しずつ減ってはいますが、もうずいぶん前からOECD不動の1位です。同じくOECD基準だと、韓国以外に20人を超えるのはリトアニア（20・3人）だけです。

ちなみに、一時は日本の自殺率が世界でもっとも悪いようなニュースがよく流れましたが、いまはむしろ米国（15・2人）のほうが多く、日本は14・6人です。これでも結構高いほうではありますが。

国の「良からぬ」データが対外に流れるのを極端に気にする、韓国。別の章でも触れていますが「老人貧困」「出生率」そしてこの自殺率データは、政府レベルで様々な政策を出していますが、いまのところ目に見える成果はありません。でも、先も書きましたが、なんだかんだで、少しずつ改善はされています。一時は28人まで上がっていましたから。

しかし、その中、20代の自殺率が増えてきました。同じく世界最低とされる出生率問題もあり、青年自殺についてもいろいろと分析が出てきましたが、そのなかに「単に就職が問題ではなく、重要なのは相対的剥奪感か」という指摘もあり、ようやく社会的にも注目されるようになりました。就職の可否、職業がどうなのか、所得など経済的条件だけでなく、不平等な社会構造による相対的剥奪感が、青年層の極端な選択に影響を及ぼす、と。

●住宅を持っていないと、相対的剥奪感が大きくなる

保健福祉部「2022自殺予防白書」を見ると、2020年基準で、前年比20代の自殺増加率は12・8%でした。調査では、青年層の自殺リスクと相関関係が高い項目をいくつか提示していますが、他の年齢層、他の国でもよく見られる「社会的孤立感」がもっとも問題とされ、その次が「相対的剥奪感」でした。

ちなみに、韓国でも孤独死は問題となっており、若い層の孤独死も増えつつあります。2017年〜2020年で、40代未満の孤独死が40%以上増えた、という分析も出ています。2022年12月には、一時、「成功した脱北民（北朝鮮から韓国に逃げてきた人た

ち)」としてマスコミでも大々的に盛り上げていた40代の男性が孤独死で見つかったりもしました。

次が相対的剝奪感ですが、調査項目にこんな言葉が出てくるのは、もう韓国だけではないでしょうか。関連記事を一つ引用してみます。「ハンギョレ新聞」(2022年9月12日)です。

〈……これまで就業可否など経済的要因が青年層自殺の主な原因として取り上げられ、相対的に注目されていなかった要因である。研究チームはさらなる分析を通じて相対的剝奪感が高いほど未来の見通しを否定的にすることになり、これにより社会的孤立感が大きくなり、青年たちの自殺リスクが増加することを確認した。研究チームは「青年たちの問題を「就職万能説」(就職さえすれば精神健康が良くなり、自殺リスクが低くなるだろう)とみなしてはならないと指摘する〉

(「ハンギョレ新聞」)

そして、この剝奪感が当たり前のように出てくる調査が、自殺率の他にもう一つあります。住宅関連です。「住宅を持っていないと、相対的剝奪感が大きくなる」わけです。すなわち、住宅を所有している人を見ると、「私は家を持っていたはずなのに、誰かによって奪われてしまった」とし、私は、本当は家を所有していて当然だ、と思ってしまうというのです。

どこの国でも、家を所有していない人が家を所有している人に対して、また、家を持っているとしても、自分よりもっと立派な家を持つ人に対して、「いいな」と思うことはよくあるでしょう。羨《うらや》ましいと書くことができる場合もあるでしょうし、そういう、いわゆる格差などを感じて、自分が疎外されているのではないかと悲しく感じることだってあるかもしれません。しかし、そんな場合、「私も立派な家を持っている『はず』なのに、それを持っていないから、奪われたに違いない」気がすると論ずる人って、韓国以外に、どれぐらいいるのでしょうか。

国土研究院という機関が2022年11月14日に出した「週刊国土政策ブリーフ891号」を見てみると（※これは青年層に限られたデータではありません）、主な内容は「住宅費負担が大きくなるほど、消費も減る」など至って普通のものですが、本書として注目したいデータがいくつか載っています。

「住宅こそが、生活の質と、その質の維持に不可欠な要素だと認識されている」点、そして、「理想とする住居と、現実の住居の間の乖離《かいり》が大きい」点です。調査の回答に応じた人の58％は、自分の住居（家）と他人の家を比べるとき、剝奪感に包まれると答えました。住居占有型を賃借（自分で所有している家ではない）と自家に分けて剝奪感を調査したデータでも、賃借世帯は72・9％が、自家世帯を見ると剝奪感につつまれると回答しました。

さて、このように、「青年たちは剝奪感という韓国社会特有の悩みに苦しんでいて、住宅はその剝奪感から抜け出せる主な評価基準であった」という意見の提示が可能になります。これを、ヨンクル現象の背景、その1だとすることもできるでしょう。

●韓国のことわざ――「貧しさだけは王様でも救えない」

次に、その2とでも言いましょうか。政治家、詳しくは「王」への不信と絶望があります。韓国のことわざに「貧しさだけは王様でも救えない」というのがあります。王が有能でも、貧しさを全て解決できるわけではない、貧しさは一部の人たちにはかならず付きまとうという意味です。一説では、昔は王の「徳」が足りないと国が貧しくなるという考えが強かったので、「結局は自分で頑張るしかない」という意味でこのことわざができた、という解釈もあります。

そのうち、「王の徳が足りないので国が貧しい」の部分が、「王さえ変わればなにもかもうまくいく」という考えとして、21世紀にもなって韓国社会を揺るがしたことがあります。朴槿恵《パククネ》大統領の弾劾《だんがい》のとき、韓国社会は特に若い層を中心に、朴槿恵大統領を追い出したから、もうなにもかもうまくいくだろうと、盛り上がっていました。その後、２０１７年に就任した文在寅《ムンジェイン》大統領の支持率を見ても、その論拠の一つといえるでしょう。普通、韓国で20代・30代の大統領支持率は、高いとき40～50％、低いときに20％台です。これは現在の尹錫悦《ユンソンニョル》大統領もそうで、低いときに20％、高いときに40％です。

しかし、文在寅大統領が就任した２０１７年、20～40代からの支持率は、なんと80％を超えていました。これはしばらく続き、就任６カ月後となる12月３週目の世論調査（専門機関「リアルメーター」集計）を見ても、支持率は全体で69・９％と多少下がりましたが、20～40代ではほとんど変化が無く、20代81％、30代86・２％、40代82・７％と、まだまだ不思議なほど高い数値を記録していました。これは、韓国大統領の若い層の支持率としては、極めて異例です。それから２～３年後には、若い層の支持も普通に戻り、30％～40％で落ち着きました。

就任初年だけ盛り上がったこの若い層の熱狂的な支持はなんだったのか。私は、これが先の「王が変わったからもううまくいく」という儚《はかな》い願いの現れだったと見ています。当時の雰囲気を肌で感じていた一人として。私が韓国を離れる前、最後に見たのが、朴大統領の弾劾に盛り上がる彼ら若い人たちのデモ行進でした。

●「救えるのは、マンション様だけだ」

このとき、若い人たちが叫んでいたのは、「公正」でした。朴大統領は公正ではない。自分の側近だけ大事にするから、国を「自分たちだけ」のものだと思うから、だから社会がどんどん不公正になる。そんな主張を繰り広げていました。ちなみに、朴槿恵政権の間に、他の政権に比べてなにかの不公正（貧富格差など）が特に深刻化したというデータはありません。住宅価格が上がり、青年雇用が良くなかったのは事実ですが、それは朴政権だけの問題ではありませんでした。あのとき私が見た韓国社会の姿、特に青年たちの姿は、「無能な王のせいで貧しくなった」と嘆く人たちそのものでした。

余談ですが、「朴槿恵は親日だ（基本条約を結んだ朴正熙《パクチョンヒ》大統領の娘だ、いわゆる朝鮮半島出身労働者問題などの件で日本との関係を気にして攻勢を緩めた、など)」という主張も、当時、とても人気のある話題の一つでした。

社会各分野がそうですが、特に政治が、「極端に対立する二つに分かれている」からでしょうか。「悪いやつ」を追い出したから次は「良いやつ」に決まっているという心理が、あのとき、韓国社会を、特に若い人たちの精神世界を支配していました。でも、文政権でも、彼らが望んだ「良い」ことはなく、貧しさから救ってくれる王は、現れませんでした。

住宅価格はさらに上がり、政権と親しい市民団体や労働組合などは政治勢力として台頭し、とりあえず最低賃金を引き上げてあげるという愚かな政策のもと、青年たちの雇用は悪化しました。これもまた、別に文大統領だけの問題でもありませんが、韓国の青年たちは、彼らなりに、一つ学習できたのかもしれません。「貧しさは、王様でも救えない。救えるのは、マンション様だけだ」、と。他の部分より「私見」が特に強いと自分でも認めますが、これが背景その2です。

●「投機に成功しなかった親」を被害者だとする設定

次に、その3ですが、これは「親世代への不満」です。私がまだシンシアリーという名前を使ってからあまり経ってない頃、盧武鉉《ノムヒョン》〜李明博《イミョンバク》大統領の頃だったと記憶していますが、ブログで、日本の皆さんから「韓国の若い人たちは、財閥（大企業グループ）に対する不満がかなり高いと見えます。しかし、なぜかその財閥企業に就職することを人生の目標にしているように見えます。この矛盾はどういうことなのか、よく分かりません」とする趣旨のコメントをよく頂きました。あれと同じ矛盾が現れている、ともいえます。

たとえば、「不動産投機に成功したひと握りの人たちだけが『貴族』のような人生を手に入れ、ほとんどの人たちはそうなれなかった。その身分の差は、その人たちの子供である現世代にまで及んでおり、私は親に不満がある」という心理が、若い世代の精神世界に芽生えたとしましょう。この場合、貴族になれなかった「ほとんどの親」たちは、被害者だと見ることもできます。投機で成功した人たちが貴族のように振る舞う、またはそう思われる、物質主義的な社会の被害者だと見ることも十分できます。

このように「投機に成功しなかった親」を被害者だとする設定だと、若い人たちは不動産投機などを忌避する（悪い存在と見る）はずなのに、なぜか自分自身、同じく投機に命をかける生き方を選びました。まるで、「身分上昇の過程や手段」が問題ではなく、「投機に成功しなかった親」が問題だといわんばかりに。彼らにそんな自覚があったかどうかは分かりませんが、結果、それがヨンクルの背景の一つになりました。恨（ハン）を晴らすどころか、自分の親に恨を抱くようになったわけですから、見方によっては「伝統とは逆方向の恨」とも言えるでしょう。

●格差問題の象徴──「スジョ（匙、スプーン）階級論」

さすがになんの論拠もなくこんな重い話を書いているわけではありません。書き出すとキリがありませんが、一つ、「階級論」を紹介します。韓国人は「目に見えるもの」によるランク付けが好きです。小学生たちが着ている服などの値段でクラスの階級を決めるというニュースはもう10年前からありましたし、背の高さも、ＴＯＥＩＣ点数も、日本製ランドセル（高いやつ）も、その一つだったりします。親にものすごい負担になるという意味で、人気のある高い製品を「（親の）背骨ブレイカー」とも言います。

でも、服ならまだいいかもしれません。社会的に絶望のシンボルみたいになった、「スプーン階級論」というのがあります。詳しくいつから始まったかは分かりません。盧武鉉政権のときからあったという話も聞きますし、特に格差問題が話題になった李明博政権のときから始まったという話もありますが、「スジョ（匙、スプーン）階級論」というものが有名になりました。

いまでは多くのバリエーションがあり、階級がさらに分化されていますが、韓国語ＷＩＫＩページの情報によると、最初のものは「資産20億ウォン以上、年収2億ウォン以上」を金のスプーン、「資産5億ウォン以上、年収５５００万ウォン以上」を銀のスプーン、「資産5千万ウォン以下、年収５５００万ウォン以下」を土のスプーンとする、単純なものでした。それによって社会においての階級が決まる、と。

この階級論は、ネットだけでなく、大手メディアも記事になんの説明なしにそのままこの単語を使うほど、社会的に「大ヒット」となりました。日本の韓国関連情報サイトでも、結構有名な単語になっています。

●親がすごいとなにもかもうまくいく「ブモ（親）チャンス」

このスプーン階級論は、貧富の格差、不公正な社会構造に対する韓国の若い世代の嘆きとしてよく報じられますし、たしかにそういう側面があります。そういう側面を全否定すべきだとは、私も思っていません。ただ、私は、これは「社会への不満というよりは、実は自分の親への不満を表したものではないのか」と見ています。自分自身のせい（能力不足）だとする意見は見たことがありません。

前にも、本やブログなどに同様の趣旨を書いたことがありますが、ネットコミュニティーなどで見られるスプーン階級論の引用は、メディアの記事が指摘する「いまの自分が努力しても成功できないもどかしさ」ではなく、「大金持ちの子で生まれたら、なんの問題もないのに」とするものでした。

そして、時を同じくして、「ブモ（親）チャンス」という言葉もまた、よく見られるようになりました。これは、親がすごいとなにもかもうまくいくという意味で、どことなく、親が偉いと子も偉いという朝鮮時代の儒教思想に似ている気もします。それに、もともとスプーンが登場している時点で、階級論は明らかに「親」関連です。「銀のスプーンを口に咥《くわ》えて生まれた」というヨーロッパの慣用表現から来たネーミングだからです。

昔、ヨーロッパの貴族の赤ちゃんには、乳母でも、直接自分の乳を飲ませることはできませんでした。身分が違うからです。だから、銀のスプーンにいったん乳を出して、それを赤ちゃんに飲ませました（乳母はともかく、赤ちゃんも大変ですね）。そう、実はスプーン階級論は、階級論ではありません。「身分」論です。血統で世襲される、身分制度のように。

●韓国民の85・9%は自分のことを弱者だと思っている

２０２２年12月1日、「中央日報」が韓国職業能力研究院の「２０２２韓国人の職業意識および職業倫理」という報告書を分析した結果、韓国民の85・9%は自分自身のことを弱者（韓国では「乙（ウル）」と言います）だと思っていることが分かりました。若いほど、学歴が低いほど、この比率は上がる、とも。ちなみに韓国では社会的な強者を「甲（カブ）」とし、強者が弱者から搾取する問題を「甲乙（カブル）問題」と言います。契約書を書くとき、弱者は損を甘受するしかないという意味で、契約書の甲乙から来た表現です。

そして、彼らが自分を乙だと思っている理由は、大きく分けて三つ。「学縁」（同じ学校出身）「地縁」（故郷が同じ）、そして「親チャンス」だと答えました。個人的に、結果も結果ですが、関連質問に親チャンスという言葉が入っていることに、強い興味をいだきました。

学縁と地縁は、伝統的に韓国で「出世するためにもっとも必要なもの」ベスト3に選ばれてきました。出世した人と同じ学校、同じ地域出身だと、それだけでもなんとかなるという意味です。ただ、いままでなら、三つ目として「血縁」（出世した人と血縁関係にある）が入るものですが、ほぼ同じ意味ではあるものの、「親チャンス」という言葉が、ここまで有名になったわけです。私の世代（１９７０年代生まれ）にしては、大人になるまで聞いたこともない言葉ですが。

「中央日報」の記事によると、「自分が甲なのか乙なのかが分かれる理由」として、学縁・地縁・親チャンスだという回答はどんどん増えている、とのことです。「学縁や地縁、親チャンスが無いと、甲になれない」という質問に同意した返答が、４点満点で２・84点。２０１８年には２・76点でした。

この調査は10〜60代までの韓国民4501人を対象にしたものですが、範囲を1980年〜2010年あたりに生まれた、いわゆるMZ世代（ミレニアル世代と「Z世代」を合わせたもの）に限ると、2・89点。100％に換算すると72％のMZ世代が、「出世には、親チャンスなど（出世した人たちが持っていたチャンス）が必要だ」と答えたわけです。本書の出生率関連部分に、「完璧な親シンドローム」や「カンガルー族」関連の内容もありますので、それらも参考にしてください。

●「人生に意味を与えるもの」が唯一、物質的豊かさ！

人それぞれ事情が違うでしょうけど、ハッキリ書きますと、ここまでくるともう依存症です。「ある」からそのおかげでなんでもできると依存するのではなく、「無い」からそのせいでなにもできないと、言い訳として依存しているわけです。韓国社会は、「私たちは優秀な民族」とする民族主義教育を施す際、「日本（併合時代）のせいで発展が遅れた」という嘘の言い訳に依存しています。とても似ていると思うのは、私だけでしょうか。

ピュー・リサーチ・センター（Pew research center）が2021年11月18日に公開し

た「人生に意味を与えてくれるのはなにか（What makes life meaningful）」というレポートがあります。経済的に発展したとされる17カ国で、職業や経歴（による成就など）、家族と子供、物質的な豊かさ、友人やコミュニティー、体と精神の健康、地位（general position）、自由と独立、趣味（ホビーやレクリエーションなど）、社会（制度、各種インフラなど）、サービスとエンゲージメント、教育、自然や野外活動、魅力的なパートナー、旅行や新しい経験、引退（老後など）、宗教や信仰、ペットのなかで、人生に意味を与えてくれるものはなにか、を選んでもらった結果です。複数選択も可能です。伝統的な項目もありますが、「ペット」「ホビー」など、時代の流れが感じられる項目もあります。

その調査結果、圧倒的に「家族と子供」が各国で1位に選ばれました。特に日本の場合、複数選択できるのに、多くの人が「家族と子供」一択で答えています。この項目には、家族と過ごす充足感はもちろん、もっと良い社会を子供に与えたい熱望なども含まれます。17カ国のうち、14カ国で1位となりました。

他の項目が1位だった国はスペイン（健康）、台湾（社会）、韓国（物質的な豊かさ）だけです。「健康」こそが、全ての項目に関わる核心だと見ることができるでしょう。また、台湾の場合は、「安全や政治的自由などを享受できる理由」を社会から求める人が多いからでしょう。ただ、韓国だけ、物質的な豊かさが1位になっています。2位は健康、3位が家族と子供でした。しかし、同時に、他の国では「家族と子供（38％）」の次に多く選ばれた職業的成就（25％）が、韓国では6％に過ぎませんでした。すなわち、物質的な豊かさは重要だけど、職業的成就についてはこれといって重要だと思っていない、という意味です。

それに、韓国もまた、1択だけ（複数選択せずに「物質的な豊かさ」だけを選ぶ人）が多く、これは日本（家族と子供）と韓国（物質的な豊かさ）だけで見られる現象だと、レポートは紹介しています。答えを一つだけ選んだ人は、他の国にもいます。ただ、その平均は34％。なぜか韓国（62％）と日本（59％）だけ、高くなっています。もちろん、一つしか選べないと勘違いした可能性もないとは言えませんが、基本的には、「これがあれば十分で、もう他のものは必要ない」という意識の現れであると、私は見ています。

●「韓国人としての、韓民族としての誇り」とはなにか

初めて書いた『韓国人による恥韓論』（扶桑社新書）という本に、「誇り」について書い

たことがあります。民防衛訓練とか、予備軍訓練とか、韓国には兵役を終えたあとにもいくつかの訓練、または教育が行われます。参加は義務で、ほとんどは平日なので、仕事を休んで参加しないといけません。そういう国家教育で、実際に私が聞いた、「韓国人としての、韓民族としての誇り」をテーマにした講義（授業）について、です。

とにかく偉い、すごいといろいろ話したあと、税金で作った教材にその「証拠」がいろいろ書いてありましたが、経済発展したから、オリンピックで金メダルを取ったから、世界でもっとも評価される国際空港があるから、高速道路が立派だから、そんなものでした。誇りに思いたければそうすればいいだけですが、私にはそれらが、「いくつかそれっぽいものだけ選んでみた」だけに見えました。そこに、良いことも悪いことも、頑張って過ごした日々を語るにおいて感じられる、「なんだかんだで、○○人でよかった」という感覚は、一切ありませんでした。むしろ、そんなものがあってはならない、とする雰囲気でした。韓国人だから良いに決まっている。それ以外は許さない、と。

言わば、物事を立体として見ず、いくつかの「点」、しかも自分に有利なもの、自分からして「これを言えば相手は反論できないだろう」と思ったものだけ（そんなものって、他人にとっては微妙だったりしますが）を選択的に切り取ったもの。その講義で語られた誇りは、そんなものでした。「それらを認めない人は、韓国人ではない」、まるで、そう言っているかのような、そんな感覚でした。あのときの恥ずかしさを、いまでも忘れることができません。

●「貧しい親は親にあらず」という戦慄

さて、この誇りを、「孝」というか、親子関係に適用してみたらどうでしょうか。同じく、親という存在を全体像として認識せず、いくつかの点で判断しようとしているなら、その親はどんなイメージになるのでしょうか。そして、その点のなかで、もっとも人生に意味を与えるものは「お金」だと思っている人が圧倒的多数なら、その結果はどうなるのでしょうか。

「『点』に同意しない人は韓国人にあらず」でしたから、そのまま適用するなら、「貧しい親は親にあらず」になってしまうでしょう。背筋が凍る話ですが、そんな心理が、大勢の人に共通して、重なって、深まって、広まって、そうやって社会的規模になってしまったと見るのは、どうでしょうか。重すぎる話ではありますが、可能性として否定はできません。

いつも共通して書いている私の持論ですが、韓国社会はすべての分野が極端に二分され、その二分された集団が、お互いに対立することで自分のアイデンティティーを見つけようとしています。

戦後の李承晩《イスンマン》（右派、南側だけの総選挙でも朝鮮半島全体の正式政府を樹立してかまわないとする派）と金九《キムグ》（左派、民族単位の選挙でないと意味がないとする派）の対立。いわゆる「左右対立」もそうですし、その延長線上にあるとも言える朝鮮戦争と南北分断。それからも絶え間なく続いている、男女対立（異性への嫌悪）、高齢層と青年層の対立（高齢層への嫌悪）、政治対立（政治において対立は必ずしも悪いことではありませんが、韓国の場合はやりすぎです）、などなど、様々な側面から「対立」を見出《みいだ》すことができます。

そして、それは自分が属した集団への愛と、対立する集団への嫌悪を、同一のものとする、不思議な風潮を生み出しました。大好きで仕方がない「お金」たる「関係ブレイカー」により、この対立が親と子の間にもできてしまったのではないでしょうか。

この心理は、合計出生率の部分に「完璧な親シンドローム」という話が書いてありますので、そちらも参考にしてください。これは、「私は、完璧な親（大金持ち）になるまで、子を作らない」という考えのことです。言い換えれば、自分の親は完璧な親ではない、なぜなら大金持ちじゃないから、という意味でもあります。

第三章　歴代最低の出生率と「半地下」の因果関係

●不動産市場にのしかかる影

こうして、ヨンクルたちの野望が切なく崩れていくなか、もう一つ、韓国の不動産市場にのしかかる影があります。少子化問題、すなわち人口減少です。自殺率などもそうですが、日本で社会問題とされる各懸念事案は、韓国では「ザマァ見ろ」というスタンスで報じられます。

しかし、そうやって嘲笑《あざわら》ってから数年後、実は韓国でも同じ問題が発生しており、調べてみたら結構深刻だったというニュースが流れます。それからまた数年差で、日本より悪化し、日本では少しずつ改善に向かうも、韓国では悪化し続ける……これは韓国側の各メディアの記事をチェックする人にとって、あまりにもよくあるパターンです。

そのなかでも、本当に「世界」レベルで問題になっているのが、合計出生率（15～49歳までの女性の年齢別出生率を合計したもの）です。私のシンシアリーのブログでも関連情報を不定期に取り上げていますが、本当にびっくりするほど、韓国の合計出生率は低下しています。他の社会問題同様、低下すること自体よりは、「急すぎる」ことが真の問題です。

２０１８年、各メディアが「合計出生率１人を守れ」と多くの記事を載せました。２０

17年の合計出生率が1・5人で、「最悪でも1・7人」としていた政府の予想が大幅に外れたからです。それに、2018年1～3月期の出生率も、期待値に及ばない、1・7人でした。韓国では、普通、1～3月に出生率が大幅に高くなります。これは、小学校では数カ月の年齢差でも頭や体の発育に差が出るため、自分の子が少しでも良い成績を得るようにするためだと言われています。それでも1・7だから、記事も増えるでしょう。国の人口が維持できるのは、2・1ラインだと言われています。

●韓国の出生率は0・75人で歴代最低値を記録

それからわずか4年後となる2022年、「2021年基準で合計出生率が0・81人になった」というニュースが流れるようになりました。新型コロナなどの影響ももちろんあったでしょうけど、それでも、この数値に多くの専門家が唖然《あぜん》としました。死守すべきラインも、1から0・8に下がりました。余談ですが、ある程度の人口（韓国約5000万人）をもつ国として、出生率が1を切るのは、研究対象としか言いようがありません。

それから、新型コロナの影響もある程度は収まった2022年。1～9月期の合計出生率は0・86。少しマシになったものの、4〜6月に0・75で、分期別で歴代最低値を記録。11月に7〜9月のデータが発表されましたが、0・79人でした。去年同期比で0・03人減少した数値です。

各メディアは、2022年に0・8ラインを下回る可能性が高くなったとし、新型コロナの影響だと決めつけることももうできないと、一斉に記事を載せました。首都であるソウルの場合は特に低く、7〜9月基準で0・59人。2020年に0・64人になって、こちらもいろいろと騒がしかった記憶がありますが、さすがにスピードが速すぎます。ちなみに、日本も本件では決して安心できるレベルではありませんが、厚生労働省ホームページのデータによると、2021年基準で1・3人、東京は2020年基準で1・12人でした。

さて、ここから2022年11月25日、「ヘラルド経済」の記事ですが、すでに2021年の時点で、韓国の30代男性の未婚率は50％を超えています。記事は、30代会社員の「ちゃんとした家も車もない私を、結婚相手として見てくれる人はいるわけない」「一人暮らしの生活の満足感も重要だ。結婚は必須ではなく選択の時代だし、他の選択肢も多く、混乱することもある」と話しています。

〈……今年の合計出生率が、史上初、年間0・7人台になる可能性が高くなってきた。合計出生率は、4〜6月期0・75人で歴代最低値を記録した後、7〜9月期0・79人となり、10〜12月期も0・7人台が予想されている。結婚は必須ではない、経済的な負担などの認識が広がっており、30代男性の半分以上が未婚なので、今後も出生率の回復は容易ではない。ここに文在寅《ムンジェイン》政権から住宅価格が高くなり、就職も難しくなり、結婚を遅らせる、または結婚できない人口が増えている。

25日、政府と業界によると、2022年4〜6月期以降の合計出生率は、ずっと0・7人台のままと推定されており、2022年は史上初めて、年間で0・7人台を記録する見通しだ。すでに世界でもっとも低いとされる合計出生率は、昨年0・81人から今年0・7人台に下がり、新しい記録を立てる見通しだ……統計庁によると、今年4〜6月期の新生児の数は5万9961人、合計出生率0・75人だった。7〜9月期の出生児数は6万4085人で、前年同期比2466人（マイナス3・7％）減少した。合計出生率は0・79人で、結局、0・8人を超えることはなかった。今年は史上初めて0・7人台を記録する見通しだ……昨年、我が国の30代男性の未婚者の割合が史上初めて50％を超えた〉

（「ヘラルド経済」）

●「男の子」を望む社会情勢が強すぎた結果

さて、ここで一つ私見を書きますと、男女比率の問題もあります。統計庁は、男女比率を女性100人当たり男性103~107人レベルが望ましいとしています。いまは、韓国もこの範囲に収まっています。しかし、2022年の記事で結婚をする、しないという人たち、30代でしょうか。彼らが生まれた頃、1980年代は、この男女比率が大幅に崩れていました。ピークとされるのが1990年で、なんと女性100人に、男性が116・5人。

これは、出産の前に胎児の性別を鑑別し、女児の場合はそのまま「おろして」しまったからです。当時の技術でどれだけ正確に鑑別できたかは分かりませんが、1980年代、胎児の性別を鑑別できるという超音波機器が普及し、それが女児堕胎を大幅に増やしました。さらに問題なのは、このときがちょうど韓国のベビーブームで、「生まれる人がもっとも多い時期に男女比率が崩れる」という事態となりました。男の子を望む社会意識が強すぎたからです。これも、最近の合計出生率低下の一因だと見ることができます。先の記事の人も「相手」より「家」を前提にしていましたが、もっとも大きな理由は、なんだかんだで、やはり経済問題でしょうけど。

●なぜ韓国人は「自分の血」を残すことをためらうのか

こんな状況ですが……私が不思議に思うのは、「民族という言葉を聖域として教えられた人たちが、なぜここまで『自分の血』を残すことをためらうのか」という点です。不思議というか、枯れた笑いしか出ません。２０２２年で20代、30代とすると、「民族」という言葉の聖域化が強くなった教育を受けた人たちです。

韓国で「左派政権」とされる金大中《キムデジュン》政権が始まったのが、１９９８年。それから韓国の教育は、いわゆる左派教育というものになりました。韓国の右派（保守派）は、決して民族という概念をおろそかにするわけではありませんが、国家としての大韓民国を重視します。これは、戦後、初代大統領になった李承晩《イスンマン》氏の考えを元とします。北朝鮮に対しても、韓国という国の一部を違法占拠している集団とし、決して「朝鮮半島に二つの国（政府）があるわけではない」点を強調します。

しかし、いわゆる左派（進歩派、日本では改革派とも書きます）の場合は、国家より民族を優先します。これは、戦後、李承晩氏に選挙で破れ、後に暗殺された金九《キムグ》氏の思想を元とします。

左派にとっては、民族単位で成立しなかったいまの韓国は不完全なもので、政府を二つ認める連邦制でもかまわないので、とりあえず統一しないと「国」も始まらないと信じています。特に、全員がそうだとは信じたくありませんが、反共（反・共産主義）意識が強かった軍事政権の頃に民主化運動という名で政府と対立し、北朝鮮側の思想にハマった人たちも多く、北朝鮮、金日成《キムイルソン》ファミリーを崇拝する人たちもいます。彼らは左派政権で国会議員になるなど破格な出世に成功、彼らを支持してきた市民団体もまた癒着し、政治勢力としての道を歩むことになりました。そのせいか、韓国には、韓国の国旗や国歌などに反感を持つ国会議員や市民団体などが、少なくありません。

彼らの教育は、軍事政権時代に徹底的に「国家の半分を違法占領し、朝鮮戦争を起こして民族同士の殺戮《さつりく》を起こした「怨讐《おんしゅう》」と教えられてきた北朝鮮を、なんとかフォローしようとしました。そのためには、それまでの「民族の敵」という概念を、別の対象に向ける必要がありました。

そこで、すでに軍事政権時代にも根強く存在していた「反日」が、「反共」にかわる新しい国是として浮上します。民族の敵は北朝鮮ではなく、日本だ、というのです。その代表格が、「私たちの分断に対し、米国や旧ソ連だけでなく、日本も大きな責任がある」とする主張です。

この流れは、いまでも多くの韓国人の頭のなかに、「分断されるべきは朝鮮半島ではなく日本だった」という主張として残っています。同様に、朝鮮戦争に関する考え方にも影響しました。軍事政権が朝鮮戦争のときに行った民間人虐殺などの調査も進み、「韓国が北朝鮮による朝鮮戦争の被害者」という側面より、「韓国も北朝鮮も共に被害者で、朝鮮戦争はその副作用」という側面が強調されるようになったのです。

当時、韓国政府は国家事業として進めていた高速インターネット回線普及とともに、この「反日による、反共の代替」は、急激に広がり、多くの国民から絶対的な支持を得ることができました。

●1919年3月1日に起きた大規模デモ「三一運動」

この話をすると、たまに「左派政権の前は反日思想が無かったのか」と誤解されることもありますが、そうではありません。大韓民国というものが、併合時代、法的根拠無しに亡命政府を自称していた「臨時政府」という抗日団体を、朝鮮（大韓帝国）から大韓民国への国家連続性の根拠とし、最初の憲法である1948年憲法前文でも「己未三一運動で大韓民国を建立し〜」とその趣旨を刻んでいるため、韓国の歴史から反日思想が消えることは不可能です。

これは、1919年3月1日に起きた大規模デモのことで、このときに大韓民国政府（臨時政府）が建立したとする臨時政府の主張が、そのまま刻まれる形になりました。朝鮮総督府ではなく、臨時政府こそが正式政府だった、という意味になります。初代大統領李承晩氏が、臨時政府初代大統領（米国に委任統治を話したことなどで、途中で弾劾されて米国で住むことになります）だったこともあり、憲法もそのままです。

朴正熙《パクチョンヒ》氏も民族という概念を重視してはいましたが、氏は臨時政府という存在に対してそこまで好意的ではなく、憲法前文からも「三一運動」や「独立精神」は残しましたが、「政府が1919年に建立」とする部分は削除しました（1972年）。それに、朴正熙政権は日本と基本条約を締結、日米韓安保共助を最優先課題にしていたため、相対的に反日思想が目立ちませんでした。自民族中心主義や反日思想が、無かったという意味ではありません。

ちなみに、1987年、憲法前文の臨時政府関連記述は「臨時政府の法統を受け継ぐ」という形で復活し、いままで残っています。法統とは、「正統性（legitimacy）などを正しく受け継ぐ」という意味です（高麗《コリョ》大韓国語大辞典より）。正統性は「統治の名分」、たとえば王位など権限を継承する「嫡統（嫡流）」としての資格を意味します。

●国是だった「反共思想」が、一転「反日思想」に

ここで左派政権の出現で民族という概念の強化、及び反共思想が弱体化、反日思想が強化されたという話にもどりますが、一つ、日本の皆さんからすると、「朝鮮戦争を経験した人たちもまだ生きているし、数十年も国家最優先政策だった反共が、そんなことで簡単に弱体化したのか？」という疑問が湧《わ》くところでしょう。でも、なんというか、韓国社会って、そういう側面が強いです。「事実」ではなく、「意見」によって一気に揺れだします。

ちょっと話がズレますが、この「事実と意見の区別」は、特に最近のようにネットなどから情報が溢れている社会では、ある事案において人が自分の意思で自分なりの判断を下

すため、重要な要素です。「楽な生き方がしたいなら、自分というものが無くなるまで、群れをなさずにはいられない人たちと混ざればいい」というニーチェの言葉が有名ですが、世の中には「群集心理（群衆心理）」というものがあります。社会を発展させるための大きな力になることもありますが、下手すれば、ただ流されるだけで、「自分」の考えを失うことになって、しかもそれを「正しいこと」と勘違いしてしまう結果になります。

「それまで国是としていた反共思想（日本は味方だとする安保関連も含めて）などが、そうあっさりとひっくり返されたのか？」と疑問に思われる方も多いでしょう。率直に言って、その反共教育を受けて育った私としても、これは本当に意外です。でも、ここはネットの普及などにより急激に増えたネットの時代、それらを判断する力が足りなかったのかもしれません。

●韓国社会は、「意見」と「事実」の区分が特に苦手

ＯＥＣＤの「ＰＩＳＡ・生徒の学習到達度調査２０１８」（２０２１年5月4日発表）を見てみると、各国の15歳を対象に行った「事実と意見を区分できる能力」テストの結果

が載っています。たとえば、ラパヌイ文明などいくつかの文明が繁栄し、自然環境などの影響で衰退していく過程を記録した文書を見せ、こう質問します。「この文書は、各文明の繁栄と衰退について記録したものである」は意見なのか、事実なのか（※事実です）。「そのなかでも特に印象的なのが、ラパヌイ文明である」は意見なのか、事実なのか（※意見です）。

ＯＥＣＤ平均正解率は47％でした。日本は平均値より少し上で、米国、イギリスなど、学校で相応の教育を施す国の場合は60％を超えています。ですが、韓国の学生たちの場合、この「事実と意見を区別する能力」質問に正解したのは25・6％でした。

西江《ソガン》大・知識融合メディア大学のチョ・ジェヒ教授はこの件について、「中央日報」（2022年12月4日）とのインタビューで、「本やテレビ・新聞だけが情報を提供していた時代と比較すると、アクセス可能な情報量が爆発的に増えた。しかし、それだけ葛藤《かっとう》を起こす要素も大きくなった。情報と知識は『民主化（※誰でもアクセスできる）』されたのに、それを得るためのメディアが、本やテレビからＳＮＳなどデジタルメディアへと、『個人化』された。その結果、『見たいものだけを見る』人が増えてしまった。彼らは、意識もできないまま、『同じ情報を好む誰か』と群れをなすグルーピング現象が発生する。

これが、社会において、不通（※疎通しないこと）、対立を増やすことになってしまった」と見解を述べています。

　ここからは教授のインタビューにある内容ではなく私見ですが、その「アクセスできる情報が増えたのに、見たいものだけ見るようになった」の過程で、意見と事実のはっきりした区別は、むしろ邪魔だったはずです。なぜなら、「見たいことだけを見る」の邪魔になってしまうからです。情報が増えたから社会の対立が増えたのではなく、もともと「二分されて対立する」社会を生きている人たちにとって、情報が増えたから、「名分」を手に入れるのが簡単になっただけです。

　自分側に有利な意見を見つけて、「これが事実だ」を相手側に主張することが簡単になった、という意味です。「それは事実ではない、意見にすぎない」とする指摘は、敵からの攻撃でしかありません。彼らに必要なものは事実ではなく、事実もどきの意見。日韓関係においても、似たような事例を無数に見てきました。

　このＯＥＣＤ報告書だけで全てを説明できるとは思えませんが、韓国社会は、こうした意見と事実の区分が特に苦手です。ちょっとひどい言い方をするなら、「私の聞きたいことこそが事実」と思っている人が多くいます。いや、これもまた私の「意見」ですけど、これは、「国是」とされるものが政権交代やネット普及でひっくり返る現象と、決して無関係ではないだろうと、私は思っています。

韓国には、数十年前から、「鍋根性」という言葉がありました。ここでいう鍋とは、朝鮮戦争後からあった安い材質の鍋のことで、すぐ熱くなるけど、またすぐ冷めたりします。この言葉の存在が、ちょっとした論拠になるかもしれません。

●「理想」と「現実」の溝をつくった経済問題

「民族は重要だ。国家の文句は言ってもいいけど、民族は聖域だから文句を言ってはダメだ。そんなことは、併合時代に日本が広げた『朝鮮民族は劣等だ』とする話を信じる売国奴どもと同じだ。敵は北朝鮮ではなく、日本である」。

極端に書きますと、そんな考え方が広がり、当たり前のように教育にも適用されました。ここでもまた有名な単語を一つ紹介しますと、左派政権が始まってから、韓国の教科書などから、併合時代を意味する「日帝時代」という言葉が消え、「日帝強占期」という単語が公式に使われるようになりました。これは、実は北朝鮮発の言葉で、併合が無効である

（違法である）点を主張するためのものです。ちなみに、北朝鮮では臨時政府ではなく、金日成及びその仲間たちを「抗日戦士」として神格化しており、戦後、金日成氏が王となり、仲間たちが貴族、すなわち党の幹部となりました。北も南も、統治の名分が抗日だったわけです。

それから保守派に政権交代したりもしましたが、各自治体の教育行政の長である教育監（キョユクカム）などは左派陣営の優勢が続きました。同じく右派とされる朴槿恵《パククネ》大統領の頃、教科書の内容に問題が多いとし、国定教科書を復活させようとして、うまくいかなかったこともあります。それで、なにが書きたいのか、と言いますと……いまの韓国の青年たちは、こうして「優秀な民族」という言葉を、耳に怪獣級タコができるぐらい聞きながら（聞かされながら）育った人たちです。日韓関係についての主張の中に、「若い人たちは相手国の文化が好きだからそれでなんとかなる」というのもありますが、私はその手の見解には同意しません。少数の範囲でならありえるかもしれませんが、個人で楽しんでいるだけですし。なにより、国家レベル、憲法レベルで刻まれている情緒に、義務教育を受けた人たちの「多数」が逆らうなど考えられないからです。

それでも40代ぐらいなら、かろうじて「民族が国家より重視される前の風潮」について知っているだろうから、自分の頭のなかで比べることができるかもしれません。でも、10～30代はそれすらできません。そんな人たち、民族を聖域と教えられ育った人たちが、なぜここまで「自分の血」を残すことをためらうのか。この現象は、いったいなんなのか。

いまの韓国の状況からして、もっとも大きな理由は、経済的なものでしょう。そして、それは民族教育との間に「理想と現実のギャップ」を創り出しました。この理想と現実の溝こそが、『アリラン』の「ニム」ではないでしょうか。

他人が住んでいる家を「本当なら私も持っていたはずのもの」とし、剥奪感に陥ってしまう理由ではないでしょうか。これだけが原因ではないにせよ、結構大きな要因の一つだろうと、私は思っています。そしてこのような心理が、いま韓国を包囲しつつある経済・金融危機の重要要因、「ヨンクル問題」になっているとすると、さらに枯れた笑いしか出ません。

●「完璧な親シンドローム」に陥る韓国の青年層

出生率繋がりで、「完璧な親シンドローム」というのもあります。2021年7月3日、ソウル大学保健大学院教授（人口学）ジョ・ヨンテ教授は、韓国の青年たちは、「『完璧な親』を目指し過ぎて、結婚・出生率が下がっている側面もある」という見解を述べました（CBSラジオ）。

「青年たちは、自分自身が完璧な親でなければならないと思っています。結婚した人でも、自分が子に与えるものに対し、期待値があまりにも高いわけです。教育水準だけは高いから、でしょう。だから、自分自身が、自分自身で納得できる完璧な親の姿になれるまで、子を作らずに待ちます。そう待っているその時点で、すでに結婚できる可能性も、子を持つ可能性も低くなります。自力でそんな素晴らしい親になれる人って、実はそういないからです。結局は、それもまたその人の親が助けてくれないと、できません。親が私に相応の分を与えてくれないと、自分が望む親の姿になれないわけですから、困ったものですね」、と話しました。

この問題、たぶんそう簡単には改善できないでしょう。2021年10月、20代関連記事ですが……2021年8月までのデータで、20代で債務を履行できなかった人が8万3000人も発生しました。その金額が1兆2000億ウォン。このペースだと、2021年末には12万人の20代債務不履行者が発生することになる、とも。経済活動人口のうち、20

代は４０６万人（２０１８年3月発表基準）になりますので、経済活動人口の約３％になります。なにせ、２年前と比べ、借金が35％増加したとのことでして。

これに対してジョ・ドングン ミョンジ大学名誉教授は、この問題の本質は青年失業、良質の仕事に就《つ》くことができないでいることだと指摘しました。教授は「ペンアンドマイク」との電話インタビューで、「所得が足りないからそうなるしかない」とし、「お金を借りて、所得がないからこうなる。誰もが予想していたことではないか」「20代が就職できないなら、一生の問題になる。30～40代の失業はまだ挽回できる」と話しています。

●地下・半地下、屋上部屋、考試院を住居にする「地獄庫（ジオッコ）」

「ヨンクルの背景」としては最後になりますが、とにかく貧困だから、貧困はもう嫌だから、というのがあります。分かりやすい理由です。先に、「親に不満が多い」、すなわち「私はもっとうまくできる」という考えが蔓延していると書きましたが、その「現実」は、逆です。韓国の20代の38・９％は、親に生活費を依存しているというデータもあります。親の助けがないと「理想の親」になれないという教授の見解も先述しましたが……親の助けがあるからといって、誰もがそうなれるわけでもありません。

２０２１年９月27日に統計庁が発表した「２０２０人口住宅総調査標本集計結果」基準ですが、「本人または配偶者の勤労所得、金融資産、公的年金、個人年金、不動産など実物資産などを介して生活費を充当する」を「自分で生活費を負担できる」とした場合、それができずに誰かの助け、多くは親の助けで生活する、韓国でいう「カンガルー」さんたちのことです。カンガルーは成人全体で見ると７・５％（３１３万９０００人）で、20代では38・９％、30代では７・０％、40代では２・２％。50代以上ではほとんどいません。

また、私は青年貧困の話をするたび、かならず「地獄庫（ジオッコ、지옥고）」を取り上げます。ジオッコとは、地下・半地下、屋上部屋、考試院の頭文字（ジ・オク・コ）です。発音が同じ「地獄庫」の意味です。

「地下・半地下」は、映画『パラサイト』で有名になりましたが、地下・半地下に居住する人たちが結構います。「屋上部屋」とは、屋根裏部屋などを意味することもありますが、建物の屋上に仮設用の資材で作った施設（またはコンテナ）のことです。「考試院」は、もともとは、受験や国家試験などを準備するためにある施設ですが、家賃が安いので、いつからか安いアパートみたいな存在になりました。もちろん、狭く、施設も劣弱なので、住居脆弱施設に分類されます。

考試院だけでなく、家のリビングを10個の部屋に分けて10人に貸したり、チョクパンすなわち「分け部屋」というのも、地獄庫に入れたりします。しかし、10等分とは、これはこれで簡単じゃなさそうですが、大したものですね。悪い意味で。

これらジオッコの状態は、当たり前ですが、住居というには問題があります。「ハンギョレ新聞」（2022年1月12日）によると、2020年、関連団体が調査した結果、不良住居（全てではありませんが、多くがジオッコです）の調査物件の78％が、実質的に「法律違反」、すなわち元の建物の用途や種類または違法的な改造などにより、最低限の住居基準も満たしていないにもかかわらず、それを居住用として貸す状態でした。

記事は、「いわゆる『不良住居』を当然のものだと考える人たちが多く、見て見ぬ振りをする自治体の間で、住宅費に困っている人たちの選択肢は、不良住居だけだ」だと指摘しています。これらジオッコに住む人の数は、12年間の間、23％も増えて、いまは86万世帯に及びます。以下、韓国メディアのジオッコ関連記事を紹介します。

●映画『パラサイト』で有名になった「半地下」が高くて住めない理由

〈……災害などに脆弱な半地下や屋上部屋、考試院などいわゆる「ジオッコ」に居住する人たちに対する社会安全網の確保が急がれるという政策課題が浮上した。昨日（※2022年9月28日）このような問題に対する解法を求める専門家会議が開催され、注目を集めた。韓国住宅福祉フォーラムと韓国土地住宅公社（LH）、韓国住居福祉ソサエティがソウル瑞草区で「住居脆弱階層住居支援のための公共の役割と課題」をテーマに共同開催した討論会のことだ（※最高級団地も同じ地区にあるので、なんだか妙な気分です）……この日チェウンヒョン韓国都市研究所長は、「住居脆弱階層の居住実態と対応課題」というテーマ発表で住居脆弱階層に分類される全国のジオッコ居住者が、2020年基準で85万5553世帯に達すると集計されたと明らかにした。

考試院に代表される非住宅施設居住者が46万2630世帯でもっとも多く、地下及び半地下32万7320世帯、屋上部屋6万5603世帯だった。非住宅施設には、居住に適していない考試院とビニールハウス、コンテナ……非宿泊用施設（ネットカフェなど）が含まれる。2010年と比較して、ジオッコ居住者は23％増加した。半地下は40％近く減ったが、考試院など非住居居住者がなんと4倍近く増えた。特に非住居の代表格である考試院が2020年前後に急激に増加した。このように非住居が大きく増えた理由の一つは、無断で用途を変更して人が住む目的に使用する建築物が少なくないためだと解釈された〉

（「東亜日報」／2022年9月29日）

この部分、ちょっと書き加えたいところがありますが、「半地下で住む人が40%も減った」ということ、一見、これは「よかった」と思えます。でも、現実はそうではありません。実は、「地下層」（多くは半地下ですが、たまに本当に地下の場合もあります）」の伝貰（ジョンセ）保証金、すなわち部屋など地下層を借りるための費用があまりにも高くなったからです。すでに2021年から1億ウォン（約1000万円）を超えています。映画『パラサイト』が公開されたとき海外のメディアは「韓国の半地下暮らし」を報じたりしましたが、韓国ネットの一角では「あれでも、ソウル地域で借りるにはかなりお金がかかる」という、あれでもまだマシだという声がありました。それは、半地下に住むためにもお金がかかると知っていたからです。関連記事、続けます。

〈……全国連立及び多世帯住宅、地下層の2022年平均ジョンセ保証金は1億1666万4823ウォンで、2017年7443万1288ウォンから56・7％上昇した。地下層も、ジョンセ保証金1億ウォン台に入った。地下層の平均ジョンセ保証金が1億ウォンを超えたのは2021年（1億315万9936ウォン）からだ。今年ソウルの半地下平均ジョンセ保証金は1億4801万8812ウォンに達した。多世代連立住宅地下層の保証金が1億ウォンを超えた状況だから、地上に上がるのはさらに難しくなっている〉

（「京郷新聞」／2022年10月5日）

借りる（ジョンセ）といっても、同じソウルでも都心部と郊外では天地の差があります。いわば「どこに住んでいるのか」が大きいという側面もあります。また、広ければいいわけでもないし、高ければいいというわけでもないでしょう。ただ、さすがに「法律的に家ではないところに人が住んでいて、しかも、担当省庁は家ではないという理由で集計すらしないでいる」というのは、問題があるでしょう。

映画『パラサイト』で、その映画を作った人が半地下で暮らしたことがあるのかは分かりませんが、苦しい生活をする人たちの舞台設定とされ、外国メディアからも「こんな部屋は実在する」と驚いたりした半地下部屋が、「高くて住めない」存在になりつつあるわけです。

●韓国の「生活保護受給者」は、リアルで働いたら負け

２０１５年の統計庁の調査では、最低住居基準未達世帯（ジオッコだけでなく他のものまで全て含めたもの）は全国に１５６万７５２世帯（全体世帯数の８・２％）となっています。しかし、２０１６年の国土交通部の調査では、１０３万世帯（全体世帯数の５・４％）と集計されています。ちなみに、国土交通部のほうが担当部署になります。なぜ3分の1も減ったのかというと、国土交通部は考試院などを「住宅ではない」という理由で、調査対象にしていないからです（「ハンギョレ新聞」／２０１7年9月17日）。こんな現状だから、明確な改善策が打ち出せるわけもなく。

こんななか、20代、30代の「基礎受給者」（日本でいう生活保護者のようなもので、「国民生活保障法」によるいくつかの種類の扶助を受けている人たち）が急増しているのは、当たり前だと言えるでしょう。

韓国の20代・30代の基礎受給者は、KBS（2022年12月29日）の報道によると、2022年8月基準で24万5000人です。これは、5年前とくらべて1・7倍になった数値です。他の案件と同じく、急に増えることが、もっとも問題だと言えるでしょう。

各国、制度の趣旨は同じでも、制度そのものが同じではないので、単純比較は難しいでしょうけど、日本の場合、令和2年時点で20代・30代の生活保護受給者は約14万9000人だそうです。24万5000人だと、人口比で考えると、日本の4倍以上ということになります。

ジオッコ繋がりで、彼らに住宅関連でなにかの支援があるのか、見てみます。基礎受給者が受けられる支援には、収入によって「生計給与」「医療給与」「住居給与」「教育給与」があります。

以下、全て「2022年基準・一人世帯基準」の場合にしますと（世帯構成員数によって違います）、月収58万ウォン以下の人は、四つの恵沢をすべて受けることができます。月収58万ウォン超え～78万ウォン以下の人は、医療・住居・教育給与を受けることができます。78万超え～89万ウォン以下までは住居・教育給与が受けられます。89万ウォン超え～97万ウォン以下は、教育給与だけが受けられます。

「生計給与」とは、58万ウォンから実際の月収を引いた分（例えば月収50万ウォンの場合、8万ウォン）を支援金として受け取ります。「医療給与」は医療費が多少安くなる、「教育給与」は授業料が多少安くなる制度で、住居費支援は「住居給与」になります。住居費支援も月収などでいろいろ変わりますが、一人世帯の場合、最大で33万ウォンで、KBSの記事に出てくる人の場合、住居支援として20万ウォンを受け取る、とのことです。

ただ、これは月収89万ウォン以下の人たちに適用される制度なので、たとえば、バイトを増やすとかで収入が増えて月収89万ウォンを超えると、この20万ウォンの住居費支援が受けられなくなります。韓国の福祉関連政策全般で見られる「働けば、支援金がもらえなくなる」謎の現象が、ここにも現れているわけです。

働いてもある程度まとまったお金を稼ぐ自信が無い人たちからすると、「働いてお金を稼げば、ジオッコにもいられなくなる」ことなので、リアルで「働いたら負け」だと思わざるをえない、そんなところであります。

●わずか数百ウォンの差で、支援金を受け取れない

〈……景気低迷や新型コロナなどの影響で、20、30代の基礎生活受給者が急増しています。5年間で、2倍近く（※約1・7倍）増えました。現在の基礎生活保障制度は、このような現実をちゃんと反映できないでおり、彼らの自立をきちんと助けることができずにいる、という指摘が出ています……ベッドと机だけで部屋がいっぱいになる考試院に住む29歳のP氏。家の都合で、17歳から一人暮らしで生計を立てて、昨年、基礎生活受給者になりました。住居給与約20万ウォンで家賃を払いますが、自活労働日数が1日でも増え、所得が増えると、この住居給与を受け取ることができなくなります……〉（KBS）

Pさんの話によると、月に22日間働くと、収益が89万ウォンにならないので、その月は住宅給与を受け取ることができます。しかし、月によっては23日間働くことになります。すると、日当が1日分増えるので、そんな月には、わずか数百ウォンの差で、支援金を受け取れなくなります。

20代・30代の基礎生活受給者24万5０００人は、全体受給者の10・5％水準。いまの支

援制度は、高齢者を前提にして設計されたもの（働く時間を増やす、将来のための資産を蓄積するという側面があまり考慮されていない）であり、せめて自分で部屋を借りるための伝貰保証金が用意できるまでは、この制度の例外にすべきではないのか、記事はそう指摘しています。

それはたしかにそうですが、先も書きましたが、その保証金を用意するためにも、結局はローンに頼るしかないのが現状です。それをどうするのか。どうにもできないから、「働くより、なにもしないで支援金だけもらう」考えが強くなり、ジオッコ脱出はどんどん難しくなる、そんなところではないでしょうか。

●人口の首都圏集中率は、日本・28％、韓国・50・3％

もうそろそろ、本書は「企業債務」に移ることになりますが……その前に、これはヨンクルなどの問題と直接関係があるわけではありませんが、あと二つだけ、「過ぎた首都一極集中」と、「そもそも、韓国のマンションってそこまでして買うものなのか」という側面を書きたいと思います。

まずは、ソウル集中、または首都圏集中は、私が子供だった頃からずっと問題視されてきました。ある程度は仕方ないにせよ、いくらなんでもこれはなんとかしないとまずい、という論調のものでしたが、それから数十年経っても、これといった変化があったわけではありません。ちなみに、日本の場合は首都圏と言えばかなり広い範囲で一都七県を含めますが、韓国の場合はソウル・京畿道《キョンギド》・仁川《インチョン》だけです。

日本の場合、ニュース番組でもないと、まず首都圏という言葉を聞くこともそうありませんが、韓国では人を「ソウルに住んでいるのかどうか」で判断する社会風潮もあって、ソウル、「せめて」首都圏という言葉は、人の人生に大きな影響を及ぼします。

もっとも分かりやすいのが、人口の首都圏集中です。日本が28％、韓国は50・3％です。これは結局、合計出生率の低下に繋がるしかない、と指摘されています。いくら発展した都市でも、勝ち組の数は限られるしかないからです。にもかかわらず、ソウル（せめて首都圏）とそれ以外の差がありすぎて、ソウル・首都圏に人が集まるしかない、と。

個人的にこの話になるといつも思い出すのが、２０１８年1月31日の「毎日経済」の記事です。記事は観光事業について「安い買い物だけでは限界があるし、外国人観光客の78％がソウルしか訪れない」と指摘しています。２０１７年データとなります。ちなみに、済州島《チェジュド》を訪れる人が20％なので、98％はソウルか済州島かになります。しかも、外国人観光客たちがソウルでやることは、ほとんどが「安い買い物」だそうで、韓国が自慢する「歴史」「文化」などの観光資源は、ほとんど意味をなさないというのが記事の趣旨です。

個人的に、このデータはとても率直なものだと思っています。韓国にいたとき、私も「(買い物以外に、普通に観光として)～に行ってみたい、～にも行ってみたい」と思うことがありませんでしたから。夜、海を見に行くことはよくありましたけど。連休になれば、いつも日本に飛びました。

以下、関連記事として、ＣＢＳ「ノーカットニュース」(２０２２年12月８日)から引用してみます。

●それでも、「ソウルに住みたい」決定的な理由

〈……住宅・交通・環境などにおいて、過ぎた競争は社会的ストレスを増やすことになり、それは、やがて深刻な葛藤と分裂を招くことだってある。これらの問題は、結局、人口減少というもう一つの問題を生み出すことになる。我が国は、昨年末基準、全体人口のうち

半分を超える50・3％（2605万人）が首都圏に集まっている。これは、同じく首都圏集中化をめぐって悩んでいるイギリス（12・5％）、フランス（18％）、日本（28％）に比べても圧倒的な数値だ。

このような人口集中現象は、各種指標を見ると当然の結果でもある。まずは働き口。釜《プ》山《サン》商工会議所が分析した昨年、全国1000大企業の分布を見ると、ソウルに過半数の529社があった。売上基準で見てみると、ソウルの比重は65・4％に達する。京畿道182社（19・7％）、仁川40社（2・6％）を合わると、1000大企業のうち751社（87・7％）が首都圏に密集しているわけだ。また、「共に民主党」のキムヒジェ議員室が公開した「広域自治団体別上位1％勤労所得者現況」資料を見ると、2020年、勤労所得の年末精算結果基準、上位1％の勤労所得者は19万4953人で、その75％の14万5322人が首都圏に集中していた。青年たちが雇用を求めてソウルを含む首都圏に行くしかないのは、あまりにも明確だ〉（CBS）

2022年11月25日に発表された7～9月期の合計出生率は、0・79人（去年同期比で0・03人減少）。1年間でもっとも出生率が高いとされる1～3月に0・86人、4～6

月で0・75人。これで、年間で見ても、0・7台がほぼ確定したことになります。ソウルの場合は、7〜9月期0・59人。少し前に0・6台（0・64）になって話題でしたが。同じ問題で悩んでいる日本は2021年1・3人、東京の場合は2020年基準で1・12でした。

集中するから競争が激しくなって問題になるというのはわかりますが、「それでもソウルがいい」というからそこに集まるわけでして。地方都市の社会インフラを充実させることが重要でしょうけど……口でいうほど簡単ではないでしょう。

最後に余談ですが、東京都が面積2194㎢で人口1396万人、ソウル特別市が面積605・02㎢で人口は945万人です。さすがに、ソウルから京畿道のほうへ「逃げる」人が増えて、2016年あたりから1000万人を下回った、とのことです。1988年ソウルオリンピックのためのインフラ整備の流れで、人口1000万人を突破し、それから2016年までは1000万人台でした（未確認ですが、1100万人を超えたことはないと言われています）。

●韓国では「タワマン」まで、世帯数を多くできる「壁式」を採用

最後に、これまた「韓国のマンション」となるといつも思い出す内容ですが、２０１８年８月22日の「朝鮮日報」の記事です。「同じ高さでも層を一つ増やすため、柱ではなく壁だけで支える構造にする」というものでした。記事は、「上の階から伝わる騒音は、人の問題だけではなく、音が大きく伝わる構造の問題かもしれない」としながら、全国で２００７年から10年間供給された共同住宅（マンション含め）のうち、98・５％（１９４万世帯）は柱や梁などが無い、「壁式」という、壁で上の階の重さに耐える構造である、と報じています。

同記事に載っている韓国建設技術研究院ユ・ヨンチャン博士の説明によると、壁式構造は、「早く、安く建てるために普遍化された方式だけど、外国では庶民アパートや寮など層数が少ない建物に主に使用され、韓国のように高層マンションまで壁式にするのはとても珍しい」と説明しています。同じ高さだと、Rahmen（ラーメン構造、梁がある構造）では20世帯分、壁式だと22世帯分を作ることができる、とも。また、壁式は、大幅なリモデリング・リフォームなどができません。

「大規模修繕」という言葉、日本に来て初めて耳にしました。先に、部屋を出来る限り分ける「分け部屋（チョクパン）」についてちょっとだけ書きましたが、実はマンションとて、発想は同じだったわけです。

第四章　韓国人の消費を促す「謎の自信」

●韓国建設業界のユニークな仕組み「PF（プロジェクト・ファイナンス）」

それでは、そろそろ本書は家計債務から企業債務関連内容へ進むことになりますが、家計債務と企業債務の「間」の存在とも言える、「PF（プロジェクト・ファイナンス）」から話を始めたいと思います。

韓国では一般的にPF、プロジェクトファイナンシング（Project Financing）と書きますが、これはある大規模な事業、たとえば造船所、発電所、高速道路などを作ろうとする「プロジェクト」があった場合、そのために必要な資金を調達するために動員される多数の金融、投資関連の技法・手段などを通称する言葉です。

PFは規模が大きいこともあって、かなりの資金が動きます。普通、金融機関からすると、借入者の信用度や所得、保有資産、相応の担保になれるものがあるのかどうかなどを調べ、それから貸してもいいのかどうかを判断します。しかし、PFの場合は、まだ「プロジェクト」の段階なので、担保にできるものがほとんどありません。たとえば大規模マンション団地を作るためのPFだと仮定すると、そのマンション団地はまだ出来ていません。プロジェクト段階で、「完成したあと、ちゃんと売れて、貸したお金を返済してもらえるだろうか」を予想しなければなりません。

言わば、金融機関からするとリスクが高いわけですが、そのプロジェクトを立ち上げた会社（プロジェクトを総括する「施行社」と言います）もそれを知っているので、相応の金利を認める傾向があります。多少は金利が高くてもいいから、貸してくれ、と。金融機関からすると、ハイリスク・ハイリターンのチャンスになります。

韓国では、マンション団地の建設に、このＰＦがほぼ例外なく動いています。普通、他の国では、政府保証などがある場合でないと、金融機関はＰＦに対してかなり慎重になります。これは、韓国建設業界のユニークな点です。

●マンションが売れなければ多くの会社が連鎖倒産に陥る

これといった保証もなしに、プロジェクトだけ見て大規模資金が動く。資金に余裕のある超大企業が動くとか、大手銀行が動くとか、そんな場合ならそれぞれ1社だけでも何とかなるでしょうけど、実際は、多数の金融機関が参加する、いわゆる「協調融資」形態となります。というか、そうなるしかありません。いくつかの金融機関が出資を通じて、親企業とは別の特殊目的法人（SPC）を設立して資金を支援したりします。

ただ、2008年以降、このPFに参加している金融機関は、ほとんどが第2金融圏です。そこまで余裕のない金融機関が関わっているわけです。実際にマンション団地を建設する会社の場合も、そこまで余裕がないので、施行社側から「あなたたちに建設を任せたい。でも、お金を借りるための保証人になってくれ」と言われると、どうしようもなく保証人（社）になります。ちょっと書き方は悪いですが（いままでもこうでしたけど）、一カ所で何か問題が発生すると、端的にいうと「マンション団地が売れない」などという事態になったら、多くの会社が連鎖して倒れるしかありません。

たとえば、「共同貸出」というのもあります。これは、簡単に言うと、多くの組合（該当プロジェクトに関わっている会社や機関なども含めて）が力を合わせて土地購入資金のローンを組むことを意味します。どちらかというと、こちらは買う側ではなく、マンション団地を作る側が行うもので、大手ではないものの、多くの金融機関が加わることで、お互いの信用を補強し合うためのものです。「多くの会社がお互いに命を賭けて絡み合っている」の一面であります。

「でも、PFに問題が発生しても、中小建設会社が倒れるだけでは？」と思われるかもしれませんが、このPF、建設部門の大企業はもちろん、財閥グループでもかなりの懸念事項となっています。2022年11月には、財閥グループのなかでも資金面でかなり余裕があるとされる、あのロッテグループで、資金流動性に関する良からぬ噂が流れました。

〈……財界5位ロッテグループが緊急事態だ。不動産プロジェクトファイナンシング（PF）市場が凍りついてしまい、その影響を受けたロッテ建設に必要な資金を調達するため、系列会社が損失を甘受しながらも総出動している。グループ側は、現金が十分だとしながら大きな問題はないと言うが、市場ではグローバル的な経済危機のなかで起きたことであり、一歩先とて見通せないと懸念している。ロッテ建設のPF発・資金流動性リスクを防ぐために、ロッテケミカルは2000億ウォン規模の有償増資を断行し、持分率に応じて879億ウォンをロッテ建設に投資することにした。ホテルロッテが861億ウォン、ロッテアルミニウムは199億ウォンを出した……ロッテ建設は今月に入ってロッテ精密化学から3000億ウォン、ロッテショッピングから1000億ウォンを借りた〉

（「韓国日報」／11月23日）

●「マンションを売ってくださいお願いします」のシステム

この記事が流れた頃、多くのメディアは「財界5位のグループもこれか」という内容とともに、ロッテグループに問題が起きているという噂それ自体よりも、「では、普通の建設会社はいったいどういう状態なのか」を指摘しました。このように、ＰＦは、財閥だろうがなんだろうが、一歩間違えると全てを揺るがす恐ろしさを持っています。

不動産ＰＦ事業（大規模マンション団地がほとんどです）関連で各金融機関が貸し出したローン残高は、２０２２年6月基準で、１１２兆２０００億ウォン。韓国銀行が今月発行した金融市場安定報告書によると、ＰＦに関わった建設会社などが２０２３年上半期までに返済しないといけないＰＦ流動化証券の満期額だけで34兆ウォン、しかも1~3月に約20兆ウォンが集中しています。

「韓国経済ＴＶ」（２０２２年12月28日）によると、「来年上半期に満期が到来する不動産ＰＦのうち、約30％は、担保なしで資金を調達した『ブリッジローン』と推定されており、かなり危険である」と報じています。韓国各メディアの経済・金融関連記事でＰＦ関連の話が溢れているのも、当然と言えるかもしれません。

「これといった安全装置も無しに、プロジェクトだけを見てそこまでお金を貸す・借りる自信はどこから来たのか」とツッコみたくなりますが、実はこれ、韓国でマンションを買う「システム」と密接な関連があります。「請約（チョンヤク）」や分譲という、韓国特有のシステム、「マンションを買います」ではなく、「マンションを売ってくださいお願いします」に近いシステムのことです。

●「マンション様」はこれからも値上がりし続ける

韓国でマンションを買うためには、まず「請約」を行い、「抽選」が行われます。そこで「当選」すると、「分譲権」という権利が与えられます。そこで「契約」をして、その際に契約金を支払います。契約の中には、契約金以外の購入費用である「中途金」と、「残金」の支払いなどの内容も含まれます。この時点ではまだマンション団地の建設は始まってもいません。それから無事に工事が終わり、中途金と残金を用意でき、支払うと、晴れて「入居」します。このように、請約→抽選→（当選した場合）契約→中途金→残金→入居が、大まかな流れになります。

その最初のステップ、契約を要請しますということで、「請約」。抽選で当選すると、念願のマンションが「買える権利」である、分譲権が手に入ります。そう、貴族への仲間入りです。身分上昇です。どうしてそうなるのか。これからも値上がりするに決まっているからです。無茶苦茶な借金を背負うことになりますが、いったん契約までいくと、以下のような、これまた韓国独特のシステムにより、中途金や残金は用意しやすくなります。

プロジェクトに関わった金融機関が相応の協力をする場合もありますが、もっとも有名なのが、「集団貸出（集団ローン）」です。これは、たとえばマンション団地「A」を契約した人100人がいるとします。彼ら100人の中には、実際には、貸出を必要としない人たちもいるでしょうけど、ここではあえて全員だと仮定します。そして、その100人が「一つの単位」として貸出を受けることを、集団貸出と言います。

この集団ローンが流行っている理由は、「個人」の審査が無いからです。金融機関はこの100人を審査するにおいて、「Aの契約者」という側面だけを見ます。Aを作った建設会社、施行会社、またはプロジェクトそのものを対象にして審査し、100人の「個人」それぞれの返済能力などは審査しません。Aの契約者であるというステータスに、個人としてのステータスは上書きされてしまうわけです。

この集団貸出があるので、「とにかく契約までいけば（分譲権さえもらえれば）なんとかなる」と思っている人が、大勢、実に大勢、います。全部借金ですけど、そこまでは気にしません。なぜなら、マンション様はこれからも値上がりし続けるに決まっているからです。親は不動産を買わなかったせいで失敗した、でも私は違う、私は勝ち組だ。そんな哀れな心理にとらわれている人も、少なくないでしょう。

韓国で暮らしたことがある方なら、韓国の人たちって、妙に金遣いが豪快だなと思われたこと、ありませんか。もちろん人それぞれの性格によるでしょうけど、返せそうにない家計債務を背負っている人でも、実は結構お金を使ったりします。余裕資金なのか、それともまた別のところで借りた金なのかは分かりませんが。

それは、他人にお金持ちのように振る舞う、すなわち「体面（チェミョン、プライド）」としての側面もあります。しかし、「私は家を持っている」という考えが、「その家は借金で買った」を完全に上書きしてしまったのも、一因です。心配しなくても、家があるから問題ない、なぜなら値上がりするから。その「謎の自信感」が、消費を促しているわけです。データはありません。韓国で数十年間暮らした一人としての、感覚としての話です。

●もはや第1金融圏で相手にしてもらえない「PF業界」

話を戻しますと、とりあえず分譲権を手に入れないと始まらないわけですが、請約を申し込んで、抽選で当選するには、実は優先される人たちが決まっています。持っている住宅の数、住んでいる地域（基本的には地元の人が優先されます）、併合時代に抗日運動などをした「独立有功者」の子孫、などなど、いろいろな優先制度があります。該当しない人たちは、銀行に「請約通帳」というものを作って、その口座で一定の取り引き実績を残せば、それで有利になったりします。

マンション団地を作るとして（まだ作っていません）、「○月○日から請約を受け入れます」となると、特にテレビやネットなどで「あそこ、すごく上がるらしいよ」とそのかされた地域のマンションだと、本当に大勢の人々が、無数に集まります。マンションが……買いたいです、と。

諦めたら身分上昇ゲームは終わります。このお金の流れが、ＩＭＦ期から、ざっと20年以上前から、国の経済成長を導いてきました。そして、こんなに人が集まるから、プロジェクトだけで当たり前のようにお金が動き、団地が成り立つわけです。

ですが、2022年10月、韓国銀行の0・5％ポイント金利引上げで経済・金融関連の記事が大幅に増えていた頃、「毎経エコノミー」というメディアが、「家計債務も大変だけど、真に注意すべきはPFだ。2008年とは違い、いまは第2金融圏がメインになっていて、衝撃に弱くなっている」という記事（10月17日）を載せました。家計債務関連でも、第1から第2へ、第3へ、そして違法金融に追い出される人たちについて書きましたが、PF業界もまた、もう第1金融圏では相手してもらえなくなっていたのです。

〈……グローバル的に中央銀行の緊縮で金利が急騰し、不動産PFに危機論が広がっている。不動産PFは、建設会社が事業を施行するとき、事業権を担保に金融会社からお金を借りることだ。前には、銀行が融資を担当し、大型施工会社が加わって信用を補強する仕組みでPF資金調達が行われた。しかし、2008年の金融危機以後、システムが変わった。建設会社の財務構造が悪化し、銀行（※普通の銀行、第1金融圏）は貸し出しを慎重に行うよう、制度を大幅に強化した。

その隙に、高収益を狙って、証券会社をはじめ、いわゆる第2金融圏が、我先にと、不動産PF市場に入ってきた。不動産開発事業には、マルチ・レバレッジが動員されるため、

「金融」が不可欠である。通常、開発事業に必要な基本の資本金にも、「他人資本」を混ぜてレバレッジ（借り入れを利用し、自己資金の収益を高めようとすること）効果を高める。ＳＰＣと呼ばれる特殊目的会社と繋がったレバレッジも動員される。ＳＰＣは、不動産開発事業の利回りを踏まえる際に決定的なレバレッジ装置として機能する。不動産ＰＦローンの過程で、金融会社は債務保証や直接ローンを提供し、保証手数料や利子などを得る仕組みだ。

特に国内証券会社は、代替投資などポートフォリオ多角化戦略の一環として不動産金融事業に積極的に飛び込んだ。資本金が多い超大型ＩＢ（投資銀行）を中心に、開発事業の土地契約金融資をはじめ、ＰＦ後順位投資、プロジェクト金融投資会社の出資貸与、後順位担保融資、事業費融資、普通株式投資などに乗り出したのが、端的な例だといえる。景気低迷の時には、それだけ「システム」としての懸念が大きくなるわけだ〉

（「毎経エコノミー」）

●70社以上の協力会社が連鎖して資金難に

やはり問題は第2のほうです。記事によると、某大手貯蓄銀行の場合、2022年1〜3月にはPF関連で延滞率が1％台だったのに、4〜6月には3・7％になっていた、とも。それもそのはず、金利引上げによる利子負担で不動産取引そのものが急減しているし、完成する前に契約をする形になっているので、マンションを購入した人たちも、契約金はなんとかなったものの、残りの中途金、残金が用意できず（すでに持っている家が売れないことも含めて）、マンションが完成してもなにもできない事態が発生するようになりました。

ソウルの某大規模マンション団地の場合、施工前に完売したのに、いざ完成したら実際に購入を済ませた人は10％台しかなかった、というニュースもあります。全体の40％は契約を解除すると言っている、とも。

そして、11月下旬〜12月初旬あたりになって、実際に倒れてしまった建設会社の事例が、記事に載るようになりました。名前を聞いてびっくりするような大企業ではありませんが、地方の各自治体では結構名の知れた会社です。PFを総括する施行社が倒産してしまったため、保証人になっていた会社はそのまま巻き込まれ、保証人でなかったとしても、それまでマンションを実際に作った「建設社」は、代金が受けられなくなったからです。

たとえば、「ドンウォン建設産業」がそうです。同社は慶尚南道《キョンサンナムド》の昌原《チャンウォン》という地域で、商店街、官公署などの建設を引き受けてきた中堅建設会社で、2021年で542億ウォンの売上げ、進行中の工事だけでも600億ウォン規模とされる、昌原では結構有名な会社です。

しかし、例のPF関連で問題が発生し、銀行に到来した手形22億ウォンを返済できず、最終不渡り処理となりました。70社以上の協力会社が連鎖して資金難に陥る可能性が高く、地域経済そのものにもかなりの悪影響を及ぼしました。

●冬季オリンピック開催自治体がもたらした市場の恐怖感

以下の「ソウル経済」(2022年12月3日)は、倒れてしまった会社の関係者に取材し、金利などが実際にどう動いていたかを報じています。サグミュン(私金融)やサチェ(私債)など違法な金融業者に頼るしかなく、なんとか30億ウォンを3カ月間借りようとしたら、その利子は5億ウォンだった、などなどです。

〈……「下請け会社に代金を払わないといけないのに、貸出を受けることができなくなって、私債でも利用して防ぐしかなくなりました。30億ウォンを3カ月借りるのに、利子を5億ウォンくれ、と言われました。金融面で支えられなくなった状況で、もはやマンションの分譲も進めることができなくなり、もう耐えられなくなりました」。11月29日、ドンウォン建設産業のチャン・ギヨン代表は、本紙（※「ソウル経済」）との電話インタビューで、「竣工を終えた段階の物件でさえ、もう融資が受けられなくなっています。施行社が倒れ、施行社から工事費250億ウォンが受けられなくなって、年36％の金利を要求するサグミュンを利用して協力会社に何とか代金だけでも支給しようとしましたが、もう債務が負担できなくなるほど大きくなって、倒れました」としながら、こう述べた……。

……原材料価格の急騰、及び基準金利の引き上げ、景気の萎縮、さらにPF問題まで加わり、資金状況に余裕のない地方の建設会社からドミノのように倒れていくのではないかという懸念が、現実化しつつある……大型施行会社A社の代表は、「金利引き上げとレゴランド事態以後、資金調達に困難を経験する施行会社と建設会社が多い。今後も同様の事例が続出するだろう」と話した〉（「ソウル経済」）

「レゴランド事態」というのは、平昌《ピョンチャン》冬季オリンピックで有名な江原道《カンウォンド》という自治体にある、「レゴランド」建設にまつわる騒ぎのことです。簡単に言うと、自治体が保証していた債券に対し、その約束を守らなかったのが原因です。市場は、「もう債券など信じられない」という恐怖に包まれました。

江原道にレゴランドを作るというプロジェクトがありました。「日本（名古屋レゴランド）より大きい」を目指していた、とも聞きます。実際、もっと大きい（広い）そうですが、本当にそれを目指したかどうかまでは分かりません。

平昌冬季オリンピックの開催地だった江原道が積極的にこの件を進め、「ジュンド開発公社」という公社が主導しました。江原道はこの公社の持分44％を所有しています。公社は「アイワン第1次」というSPC（特別目的会社）を作り、資金を集めました。江原道が保証する形で、ABCP（資産担保コマーシャルペーパー）を発行しました。約2000億ウォン規模です。ですが、結果的に、公社側はこのABCPの満期に償還できず、不渡りとなりました。

プロジェクトに関わった多くの会社や投資家たち、そして金融機関（証券会社など第2金融圏だけで10社以上が関わっていました）は、冬季オリンピックまで開催した自治体が推進したプロジェクトがこのような結果になっただけでも大きな衝撃を受けましたが、さらに、江原道側はその責任を公社側におしつけ、企業回生（法定管理）するからとにかくお金のことは、全員、そのまま待っていてくれ、と公言しました。明らかに「保証」の約束を破ったことになります。

実はこれ、政権交代、及び江原道知事も与党側の人物になったことも、一つの理由です。前政権、前任者がやっていたことを、必要以上に全否定するのは、韓国社会の各分野でよくあることです。

●ついに「請約0」のマンション団地が出てきた

しかし、政治的になんとかなる問題ではありませんでした。レゴランドプロジェクトに関わっていた投資家や金融機関はもちろん、他のプロジェクトに関わっていた投資家や金融機関も、投資や融資を行わなくなり、特に、債券そのものに対して慎重になりました。

市場としては、単にレゴランドだけでなく、「もう信用できるプロジェクトなど無い」という流れが広がったわけです。結果、建設会社だけでなく、各企業の資金調達が難しくなったのは言うまでもありません。

結局、慌てた江原道側は「ちゃんと支払う」と言葉を変えましたが、市場の恐怖は消えませんでした。レゴランドプロジェクトの失敗が消えるわけでもありませんし。資金調達、資金流動性関連の記事には、いつも「国内債権市場が機能しなくなった」話とともに、その原因として、この「レゴランド事態」と「韓電債」が出てきます。韓電債については、もう少し後でまた詳述します。

そして、２０２２年12月９日、なんと、「請約ゼロ」のニュースが流れるようになりました。全《チョン》羅《ラ》南《ナム》道《ド》地域の、結構大きなマンション団地です。請約ゼロって、日本の皆様には、「そんなことだってあるでしょう?」というのが普通の感覚かもしれませんが、これは、韓国では大ニュースです。

どうやら、２００８年のグローバル金融危機（リーマン・ブラザーズやサブプライムローン事態などがあった頃）以来、初めてのことだそうです。実際、私も不動産市場が不安だという記事はかなり読みましたが、請約が０になったという話は初耳でした。さっそく該当地域のＫＢＳが、「ついに請約ゼロのマンション団地まで出てきてしまった」と報じました。

〈……新規マンションの請約競争率が着実に下落する傾向を見せているなか、全南地域で、請約受付ゼロのマンションが出てきました。不動産院請約ホームによると、ソジン建設が分譲する「エリチェシグネチャー」２３２世帯が、優先順位請約において、たった一つの申請も受けられませんでした。その次の順位の請約で、３件だけ受付されました。２００８年以降、一般マンション団地の分譲で請約受付自体が出なかった事例は、今回が初めてです。

光州《クォンジュ》では、10月になってから、新規マンションの一般分譲申請において未達（※競争率1対1未満）が続いています。7日、1順位、2順位請約の締切があった「山がきれいなシンヨンＰＡＲＫ」団地の競争率は０・43対1にとどまりました。去る10月、全南クァンヤン地域で分譲が始まった「ザ・ショップ・ラークポエム」は、現在は分譲を中止しています〉（ＫＢＳ）

●PF市場維持の絶対条件は「請約」（抽選）

「請約」というのは、プロジェクト・ファイナンス市場が維持できる絶対条件です。請約とはすなわち抽選のことであり、それは、供給よりも需要がもっと大きいという意味だからです。その需要を見て、プロジェクトだけを見て資金が動くPFが存在できます。2022年6月基準で112兆2000億ウォン規模の融資が、そこに依存しています。

ヨンクル関連でも書きましたが、プロジェクトそのものを取り消すところも増えますが、それはまだダメージが少ないほうだといえます。すでに融資を受け、その契約内容などのためプロジェクトを取り消すことができない場合は、価格を下げてでもマンションを売る（契約者を集める）しかありません。だから、契約金分納、バルコニー工事無料、中途金の分を無利子で貸す、商品券を配る、外国車をプレゼントするなどの「出血サービス」が必要になるわけです。

もちろん、それでは、すでに契約した（購入した）人たちが黙っていないでしょう。近隣のマンションに住んでいる人たちも、「値下げの連鎖」を意識し、施行社や建設会社側に圧力をかけたりします。しかし、それでも、結局は価格が下がることになります。身分上昇の夢も、「抽選で当選しないと家が買えない」不自然なバブルとともに、いずれは儚《はかな》く弾けることでしょう。もし何かの変数で今回の山を乗り越えたとしても、あとどれぐらい耐えられるのでしょうか。

第五章　韓国　薄氷の「企業債務」

●売れば売るほど赤字になる電力会社「韓電」

韓国電力公社という会社（韓電、海外ではKorea Electric Power CorporationでKEPCOともいいます）があります。韓国最大の公企業で、事実上、韓国に電力会社は「韓電」だけです。「電力会社が複数ある」のもまた、日本に来てからちょっと不思議でした。

かなり前から改革（民営化）の話はあって、発電部門は6社の子会社に分割となりましたが、配電部門において1社体制のままなので、実際は「表面だけ」民営化でとどまりました。導入予定だった価格入札制度（PBP）も未定のまま、変動費反映市場（Cost Based Pool、CBP）で運用されています。

「CBP」は、電気市場において価格競争が存在しないという意味です。このシステム上で民営化など期待できるわけもなく、韓電は、売れば売るほど赤字になる価格で電気を売って、その分、政府は経済政策、特に物価政策において、楽をしてきました。これは、家庭にも各企業にも、大きな恵沢でした。

延世大学産業工学科チョ・ヨンサン教授は、現状のもっとも重要な要因は、「燃料価格に連動した電力販売価格」を実現できなかったことにあるとし、これは間接的に、国内産業界の電力効率の向上をおろそかにする結果にもなったと主張しています（「電気新聞」／2022年11月11日）。

2022年1～3月基準で、韓国電力公社の赤字の約70％は一般用（家庭用）と産業用電力の販売部門で発生したもので、これはいままで企業を「支える」結果になっていました。教授はこれを「産業間の交差補助」としながら、韓電が損失をすればするほど、他の各企業が利を得る状況が作られた、という意味です。そのなかで、各企業は電力消費の効率性などは考えなくなり、企業の電力効率性は、日本、ドイツなどに比べると、1・5倍も悪い、とも。

●政府保証付きの社債を売りまくる「韓電債問題」

2020年基準データで、韓国の産業用電気価格はOECD平均の約88％で、MWh（メガワット時）あたり94・3ドルです。同じ期間、日本は161・9ドルでした。さらに、家庭用電気は、OECD平均の60％水準で他国より高く設定されており、103・9ドルです。日本の場合は255・2ドルです。韓電と政府側は、効率性を上げたからこんなこともできると主張していますが、実は赤字で電気を供給していただけのこと。結果、２０２２年の韓国電力公社の赤字は、30兆ウォン（２０２２年11月時点の予測値）まで膨れ上がりました。

この赤字をなんとかするために公社が出した政策は、なにかの改革ではなく、「政府保証付きの社債を売りまくること」でした。これが、いわゆる「韓電債（ハンジョンチェ）問題」です。

各メディアはこれをまるでブラックホールだとしながら、ただでさえ資金調達が難しくなった他の各企業において、「他の企業の社債が売れなくなる」現象を加速させていると指摘してきました。そのなかの一つ、「ニューシース」（２０２２年11月22日）によると、２０２２年（記事時点での予想も含めて）の累積発行金額は約70兆ウォンです。

〈……最近、レゴランド事態などで、市中では資金調達が凍りついている。最上位信用格付け（ＡＡＡ）である韓電債に資金が集まっており、韓国電力公社が会社債発行を増やせば増やすほど、資金市場そのもののリスクを加速させる可能性があるからだ。公社も困っているのは同じだ。その韓電債すらも、金利が今年初め２％台から最近６％台まで上がったし、それでも最近になってからは、債券発行が完売できないことも多い……政府は、この問題を解決するために、債券発行の代わりに、銀行からの貸し出しを増やすようにしたが、これにより、銀行側にも流動性問題が浮上し始めた。債券発行限度の上限が根本的な解決策ではないという点に政府も同意しているが、電気料金を一度に引き上げて経済に衝撃を与えるわけにはいかない〉

（「ニュースシース」）

●韓国「消費者物価上昇率」は24年ぶりに5・1％を記録

このような赤字と韓電債問題をさすがに放置できなくなった政府ですが、問題があります。物価上昇です。日本でも物価上昇率が話題になっていますが、韓国では2022年5・1％も上がりました。3％台の日本からするとすごく高く見えるかもしれませんが、これでも他の国々よりは結構低い数値です。ヨーロッパの一部の国では、電気料金が上がり過ぎて、電気車よりもガソリン車のほうが安く済むのが現状ですから。

ただ、家計・企業債務に与える影響を知っていながらも、2022年だけで基準金利を6回も上げて、それでも5・1％ですから、評価はちょっと分かれるかもしれません。

「ニュース1」(2022年12月30日)など各紙によると、高度経済成長期が過ぎてからもっとも物価が上がったのは1998年(経済破綻し、IMF救済金融を受けた翌年)で、7・5%でした。個人的に、李明博《イミョンバク》政権(2008年2月~2013年2月)のとき、物価上昇で支持率が下がり、物価関連統計基準そのものをいろいろ変えたことがあります。基本的にはその基準がまだ使われているので、そんな部分も疑問ではありますが、さすがに、心証だけです。

〈……今年の消費者物価上昇率が5・1%を記録し、24年ぶりにもっとも上がった。統計庁が30日に発表した12月及び年間消費者物価動向によると、今年の消費者物価指数は107・71で、1年前より5・1%上昇した。7・5%の高い上昇率を見せたIMF期(1998年)以後24年ぶりに最大値だ。品目別に見ると、今年の商品部門の場合、電気料が12・9%、都市ガスが15・8%上がり、電気・ガス・水道全体が12・6%と、急な上昇率を見せた……オ・ウンソン統計庁経済動向統計審議官は、「石油類など工業製品と個人サービス、電気・ガス・水道が高い上昇を見せ、物価上昇率は5・1%だった」とし、「前年比2・6ポイント拡大したもので、1998年7・5%上がってから、もっとも高い上昇率だ」と説明した。物価の基調的な流れを示す農産物及び石油類を除外した指数、根源物価は、1年前より4・1％上昇した。2008年4・3％を記録した後、14年ぶりに最大上昇率だ。体感指標である生活物価指数も同じ期間6・0％上がった。1998年の11・1％以降、24年ぶりにもっとも高い上昇幅だ。新鮮食品指数も5・4％上昇した。年間基準での物価上昇率は、2016年に1・0％、2017年は1・9％、2018年1・5％、2019年0・4％、2020年に0・5％と0〜1％台と比較的低かったが、2021年2・5％と大きく上昇した〉

（「ニュース1」）

●韓国政府は、「赤字問題が解消できるほど」に電気料金を引き上げると公言

記事にも詳細が載っていますが、5・1％上昇にもっとも影響したのは、電気やガスなどエネルギー関連です。前述してきたように、金利引上げで債務返済が大幅に増えているなか、電気料金など光熱費まで上がれば、これは大きな影響を及ぼし、さらに消費が冷え込むことでしょう。いままで歴代政権が、韓国電力公社の構造改革、または民営化に消極的だったのは、電気料金自体が経済政策だったからです。外国企業を誘致するための手段

でもありました。しかし、それがいよいよ、韓電債問題により、限界を迎えました。

政府は、2026年まで、「赤字問題が解消できるほど」に電気料金を引き上げると公言しました。わずか3年でそれができるのかどうか（政府の努力より為替レートに依存するのではないか）は気になりますが、こうして値上げを公言したのは評価できる部分です。


〈……急な消費者物価上昇傾向要因の一つである電気料など公共料金の引き上げが、来年はもちろん、その後も相当期間持続する見通しだ。政府は21日に発表した「2023年経済政策方向」で、「韓電とガス公社の累積赤字および未収金を、2026年まで解消できるよう、料金を段階的に現実化する」と明らかにした。現在、関連省庁が来年1～3月期の電気・ガス料金の引き上げ幅をめぐって、協議を進めているが、そんななか、政府が持続的な料金の引き上げ方針を明らかにしたのだ。

産業通商資源部と韓電は、2023年の電気料金の場合、「1キロワット（kWh）当たり51・6ウォンの引き上げ要因がある」という立場だ。しかし、これは2022年の引き上げ分19・3ウォンの3倍近いものであり、政府としては急激な電気料金の引き上げが物価に及ぼす影響を懸念せざるをえない……それでも、バンギソン次官は「今後2026

年度には赤字が解消できるほどの水準に、料金を引き上げる」と強調した。今年・来年にも、相当幅の電気料金上昇は既定事実となり、韓国銀行も２０２３年物価不安要因として電気料金を指摘した〉

（「ノーカットニュース」／２０２２年12月21日）

●電気やガス料金は、「最低生活費」にも直撃

政府が目指す「２０２６年まで」の１段階目として、２０２３年１〜３月期、ｋｗｈ当たり13・１ウォンの引き上げが行われます。引き上げ率としては約９・５％です。引用部分にもありますが、赤字解消のためには、少なくとも２０２３年に51・６ウォンの引き上げが必要だと言われています（これでも完全解消は難しいとする指摘もありますが）ので、13・１ウォンでは無理です。２０２６年まで、段階的な引き上げを続けることができるかどうか、尹《ユン》政権としては、世論に「いままでは安すぎた」を理解させることができるのかどうかが勝負になるでしょう。

でも、家計債務の返済問題が重なっているので、さすがに容易ではないでしょう。すでにお伝えした通り、韓国社会のＤＳＲ（所得において借金の返済に使う金額の割合）は大

変なことになっており、２０２３年にはＤＳＲ70％超え、すなわち「返済額を除けば、税金など義務的に支払う費用と、最低生活費しか残らない」人が１９０万人になると予測されています。

物価、特に電気やガス料金などが上がると、「最低生活費」基準も上がることになります。それに、２０２３年にも利上げはほぼ間違いないと言われているし、各企業の業績的に所得が増える可能性は低いので、さすがに詳しい数値までは予想できませんが、「来年には、ＤＳＲが70％より低い人でも、同じ状態（税金と最低生活費しか残らない）になる」のではないでしょうか。

序章で、韓国で住宅を購入した人たちのＤＳＲが平均で60％だとするデータを紹介しました。彼らにとって電気料金の値上げは、本当に「生活がかかった問題」になるのではないでしょうか。

●韓国企業の「悪化スピードが速すぎる」

次は、企業の債務関連でもう少し全体像をお伝えします。引用する集計データによって差はあると思いますが、もともと、韓国も日本も、企業債務が結構大きな国です。IIF（国際金融協会）基準だと、韓国の企業債務は世界4位です。２０２２年11月25日に発表されたIIFの世界負債関連データによると、7～9月期基準で、韓国企業（金融企業は除きます）のGDP対比負債比率は１１９・１％。調査対象である35カ国のうち、香港（２７８・１％）、中国（１５９％）、シンガポール（１５０・３％）のあとに続いて、４番目となります。

韓国が4位になったのは集計が始まって以来初めてで、経済崩壊してIMFに経済主権を引き渡したときにも、このデータで4位まで悪化することはありませんでした。ちなみに、同じIIF基準で日本が5位です。BIS（国際決済銀行）基準だと日本が１１７％、韓国が１１４％で、順位が逆になります。このように、GDP対比負債比率で見ると、日韓企業でそこまで大きな差があるわけではありません。

ただ、二つの差があります。一つは、「現金」です。日本の場合は、ずいぶん前から企業の「内部留保」がとてつもなく大きいと言われてきました。社内留保とも言いますが、企業が創り出した各種利益のうち、どこかに使わずに蓄積された分のことです。使い所がパッとしないから、とにかく「積んでおく」わけです。毎年関連ニュースがいくつか目につきますが、2022年には初めて500兆円を超えた、とのことです。

韓国の場合、「1997年に一度経済が破綻した影響で、経済規模に比べて内部留保（社内留保）金額はそこまで大きくない」という話もありますし、2017年に670兆ウォン（当時の為替レートで62兆円ぐらい）だったという話もあるし、主に労働組合関連の団体が「大企業が1000兆ウォン隠し持っている」と主張する場合もあります。

個人的には、「そこまであるなら、最近の『資金流動性』騒ぎはなんだ」と思っています。あるとしてもサムスンなど1社に集中した額ではないでしょうか。しかし、この件は、「どちらかというと、韓国がどうとかより、日本企業の内部留保が桁違いすぎる」と言うべきかもしれません。すごいのは分かりますが、これ、もう少しどこかに使ってほしい気もします。

もう一つは、スピードです。韓国企業の場合、「悪化そのものより、悪化スピードのほうが問題」とする韓国社会問題の特徴がそのまま現れています。最近の数年間で、韓国企業の債務は急激に悪化しました。それをもっともわかりやすく教えてくれるデータが、「利子補償倍率」関連です。このデータを追ってみると、「悪化スピードが速すぎる」ことと、「錚々《そうそう》たる大企業でも、かなり困っている」などが見えてきます。

●「利子補償倍率」が1未満の「ゾンビ企業」の実態

個人の債務もそうですが、特に企業債務の場合は、債務が少なければいいというわけでもありません。返済できる力さえあれば、問題ないでしょう。でも、だからこそ、「肯定的な見方ができる借金なのかどうか」を判断するにおいて、利子補償倍率は重要です。

利子補償倍率、インタレスト・カバレッジ・レシオともいいますが、これが1にならないというのは、その企業が、1年間（別記がある場合はその期間中）で出した営業利益で、借入金の利子が負担できなかったという意味です。そんな企業を、一部のメディアは「ゾンビ企業」とも呼びます。そして、この状態が3年間続けば、すなわち3年連続で利子補償倍率が1未満の場合は、「限界企業」と言います。

ゾンビ企業は非公式用語ですが、限界企業は韓国では公式用語とされています。営業利益がその企業の全てではない、という見方もできますが、一般的に、この利子補償倍率は企業の「本業」がどうなのかを判断する重要な指標になっています。特に、金融機関がその企業を評価するにおいて。

さて、このゾンビさんたちが、どれぐらいあるのか。まず日本の場合、帝国データバンクによると、２０２０年基準で日本の全企業の11・３％が限界企業、すなわち「3年間ゾンビ状態」です。多いなと思われるかもしれませんが、「日本経済新聞」（２０２２年7月28日）によると、世界規模で見ても、世界中に存在する全ての会社の約16％は限界企業です。むしろ、日本はかなり少ないほうになります。

では、韓国はどうなのかと言いますと、調査する機関によって数値が異なったりしますが、２０２２年11月25日発表された「産業銀行（ＫＤＢ）未来戦略研究所」の「限界企業の現況と示唆点」という報告書を情報ソースにしますと、２０２１年末基準で、限界企業は18・３％（４４７８社）でした。結構高いほうではありますが、パッと見て、そこまでびっくりするほどではありません。

しかし、少しだけ深読みすると、ゾンビが増加するスピードが異常だと分かります。同じ調査で、２０１６年には２１６５社だったのに、２０２１年４４７８社と、5年間だけでなんと１０６％も急増しました。バイオハザード警報でも鳴らしたい気分です。どうやって生き残ったのか分かりませんが10年間もこの状態だった企業が１２０社もあり、5年以上ゾンビを続けている企業も全企業の7％を超えている、と。この報告書、経済関連メディアが結構大きく取り上げましたが、共通して「ゾンビ企業の存在が『慢性化』している」と指摘しています。

●大企業も例外ではない――国が「餌」を与えてゾンビを延命させている

韓国では錚々たる存在である各大企業も、例外ではありません。次々とゾンビ化しています。まず、「全企業」ではなく、「上場企業」に範囲を絞ったデータになりますが、14・8％がゾンビでした。こちらも、読者の皆様の「体感的」比較のためにまず日本のデータを紹介したいと思いますが、この利子補償倍率、韓国では2021年あたりから経済関連で多くの記事が載りましたが、日本の場合はこの件に関する記事がさほど目につきません。そもそも、そこまで問題視されてないという意味でしょうか。

経済週刊誌『日経ビジネス』の記事（ネット公開2022年9月26日）」から関連内容をお借りしますと、BIS基準を適用して調べた結果、日本の上場会社のうち、124社が利子補償倍率1未満だという独自の分析結果があります。日本の上場会社約3800社をスクリーニング、一部は除外しての結果だとのことですから、大まかに3～4％といったところでしょうか。

韓国の租税専門メディア「租税日報」の記事（2022年6月19日）によりますと、野党国会議員側の要請で金融監督院が提出した資料を分析した結果、2021年、韓国の上場企業（対象になったのは2052社）のうち、限界企業の割合は304社。割合で14・8％になります。これは5年前の2017年（12・6％）より2・2％、約50社増加したことになります。大企業に分類される企業でも7・4％、中小企業だと25・3％が限界企業状態である、とのことでして。

それだけではありません。2021年までの5年間、「彼ら限界企業に対する信用供与（融資、保証など）は48兆8000億ウォンに達します。銀行は11兆3000億ウォン、国策銀行は37兆5000億ウォン。全体の信用供与のうち、限界企業に対する信用供与の割合は、銀行が5・6％で、国策銀行はその約3倍となる14・4％でした。返してもらえそうにない企業に、国が融資などを続けているわけです。「餌を与えてゾンビを延命させている」とでも言いましょうか。

これを、3年以上ゾンビ（限界企業）ではなく「1年間ゾンビ」に拡大してみると、さらにすごいことになります。全上場会社の32％、693社がゾンビです。こちらは企業情報分析専門サイト「ジェボル（財閥）・ドットコム」によるもので、2022年1〜6月、韓国財務諸表基準にもとづいて営業実績・財務現況などが分析できる２１８７社を調べた結果となります。前年の同じ調査では６５４社で、１年で39社増加しました。

それに、これは、本書で紹介している多くのデータがそうですが、「２０２２年10月以降」の影響は、反映されていません。ゾンビ関連だと、２０２１年末基準が多く、２０２２年１～６月、独自分析でも７～９月期のデータとなります。

韓国で基準金利引き上げによる問題が本格的に報じられるようになったのが10月以降ですので、さあ、これからさらに増えるのではないか、そう思わずにはいられません。利子補償倍率は、結局は借金の返済に関わるものなので、金利上昇の影響を強く受けるしかないからです。

●時価総額基準・上位１００大企業のうち10％がゾンビ

このように、上場企業に「上場ゾンビ」が増えていますが、韓国で「上位１００大」とされる企業にも、「上位ゾンビ」が増えています。これは２０２２年７～９月期に限ったものですが、時価総額基準で上位１００大企業でも、10社が「利子補償倍率１未満、または営業赤字」でした。時価総額100位までとなると、韓国では本当に錚々たるとしか言いようがない企業ばかりですが、その10％がゾンビだったわけです。

日本の家電量販店などでよく目につくLGディスプレイ（OLEDパネルなどで有名です）、ロッテグループのロッテケミカル、ロッテショッピング、重工業大手の現代重工業など、韓国では超有名な企業が、利子補償倍率1・0未満でした。

「2022年7～9月期、及び同期間累積（連結）基準で、有価証券時価総額100位までの企業のうち、利子補償倍率が1にならない企業、及び営業赤字の企業」は、12社。

こちらは2022年7～9月期連結基準なので3年連続（限界企業）というわけではありませんが、あの錚々たる100大企業のうち12社が、営業赤字、または「営業利益が出せているけど、利子負担まで考えると、営業利益で利益が残せない会社」というのは、「ザイバツ共和国」韓国としてはなかなかの衝撃です。

〈……有価証券市場時価総額100位基準でも、利子補償倍率が1にならない企業が増えている。大企業さえも、営業活動を通じて稼いだ利益で利子すらも返済できない、潜在的限界企業になりつつあるのだ。11月28日、アジア経済が金融情報会社F＆Gに依頼し、7

～9月期基準でコスピ時価総額上場会社100社の利子補償倍率を分析した結果、利子補償倍率が1未満の所（営業赤字である所を含む）が、10社に集計された。7～9月期までの累積基準（※連結累積、1～9月）だと、12社になる……7～9月期基準で、営業利益で利子も返済できない企業は、現代重工業（0・50）、韓進ケミカル（0・42）、ハンファシステム（0・48）、韓国電力（以下、営業赤字）・ロッテケミカル・SKバイオファーム・LGディスプレイ・サムスン重工業・ネットマーブル・柳韓洋行などが挙げられる。7～9月期まで累積基準としては、韓進KAL（0・18）、イマート（0・54）、ロッテショッピング（0・80）、韓国電力（以下営業赤字）・現代重工業・ロッテケミカル・SKバイオファーム・韓国造船海洋・LGディスプレイ・サムスン重工業・ネットマーブル・現代ミポ造船で集計された。特にロッテショッピング、韓進KALは時価総額1兆ウォン以上の企業のうち、今年4～6月期までの基準で、3年連続で利子補償倍率が1にならなかった。ロッテショッピング0・62、韓進KAL0・07……。

……ロッテ建設の資金難が、グループ全般の流動性危機に拡散する兆《きざ》しを見せている。ロッテケミカル、ロッテショッピングに対する市場の懸念も大きくなるばかりだ。ロッテケミカルは来年初め、850万株規模の有償増資を実施し、1兆1000億ウォン規模の資金を確保する計画だと言う。グループ側は、現金が十分だから大きな問題がないと言うが、市場では、グローバル経済危機のなかで起こったことであり、懸念している。ロッテショッピングは2018年から営業利益で利子費用が負担できない状態だ。7〜9月期には多少改善されたが、累積基準だと、依然として利子が負担できないでいる。韓進グループ持株会社である韓進KALも、2020年から利子費用が負担できないでいる。7〜9月期の利子補償倍率は、4〜6月期に比べさらに悪化した。旅行需要が回復しているが、今後の業績改善で金利引き上げに耐えられるか注目されている〉
（「アジア経済」）

●「資本欠損企業」になれば上場廃止

2022年11月14日の「時事ジャーナル」の記事は、限界企業だけでなく、「資本欠損（韓国では「資本蚕食」と言います）企業」も問題だと指摘、一部の企業の系列会社の資本欠損状態を報じています。これもまた、結構有名な企業が載っていて、ちょっと驚きです。「資本欠損」とは、累積赤字などが大きくなり、投資した元金すなわち資本金まで失われた状況を言います。韓国でも、上場会社の年末事業報告書基準「完全資本欠損」の場合、上場廃止となります。

こちらは、「時事ジャーナル」同記事が売り上げ基準で、韓国で「30大グループ」とされる財閥グループ、１６５０の系列会社を全数調査した結果ですが、資本欠損状態の会社が7・63％の１２６社でした。30大とされる企業でも、系列会社１００社のうち約８社は、出資した資本金を減らしたわけです。

記事は、「財界配列25位の中興《ジュンフン》建設が、資本欠損系列会社19社でもっとも多かった。これはグループの系列会社55社のうち34・54％に達する数値だ。続いて、カカオ18社（全系列会社１３６社、比率13・23％）、ネイバー11社（54社、20・37％）、現代自動車10社（57社、17・5％）などが同様の状態になっていると調査された」としています。長いので引用はしませんが、他にも、農心、アシアナ航空などが事例として取り上げられています。これら各企業、各分野での発展の象徴というか、そのようにされていた企業も多数含まれています。

このように、企業債務的にも、急激な悪化、韓国人なら「えっ？」と反応するほどの大企業も含め、多くの企業が債務負担に苦しんでいる……それが、現状です。繰り返しになって恐縮ですが、まだまだこれらのデータは、基準金利引き上げの影響が十分に反映されていません。その影響が現れる2023年から、限界企業はまたもや急増するのではないか、金融機関からしても、そろそろ「打ち切る」企業が増えるのではないか、個人的に、そう思っています。

●「素材・部品・装備」――日本への依存度を減らそうとするも……

そして、ゾンビ関連では最後になりますが、実はゾンビ増殖には、「二度と日本に負けない」としていた文在寅《ムンジェイン》政権のある政策も関わっています。韓国メディアには、日本関連記事によく出てくる「ソブザン（素部装）」という言葉があります。素材（ソジェ）・部品（ブプム）・装備（ザンビ）のことで、この分野で日本から独立する、という意味です。

経済安保の立場から日本が韓国に対して行った、輸出管理厳格化（厳格化というか、優待措置を無くしただけですが）。韓国はこれを輸出規制だとしながら強く反発、政府レベルで「もう二度と日本に負けない」「日本依存度を減らす」とし、該当品目の輸入国代替、国産化などを掲げました。それから韓国メディアには、「～の国産化に成功」という記事が無数に載りましたが、いまのところ、量産できたという話もないし、輸入において日本への依存度もさほど下がっていません。

個人的に面白いと思ったのが、２０２２年1月5日の「朝鮮日報」の記事内容です。該当品目の一つ「フォトレジスト」において、文政権は、「日本の輸入依存度が２０１８年の93・２％から昨年79・５％に減った」としながら、日本への依存度を減らしたと大いに公表しました。この場合は国産化ではなく、ベルギーからのフォトレジスト輸入額を10倍以上増やしたから（輸入先代替）ですが、実はこれ、日本から直接輸入していたものを、ベルギーにある日本企業のベルギー工場から輸入するようにしただけでした。「朝鮮日報」は「結局、日本メーカーの製品を使うしかないという意味だ」と指摘しています。

「国産化」もまた同じで、その過程で、ゾンビが急激に増えました。「韓国経済」（２０２１年10月7日）の報道によると、素・部・装の売上高が50％以上を超える「素部装専門企業」のうち、３年間ゾンビ状態の「限界企業」が、４年間で倍近く増えた、とのことでした。

記事はこれを、「政府が素部装産業の重要性を強調し、大規模政府予算を投資してきたが、どの企業に支援すればいいのかその手続きや成果、検証などを行わなかったためだ。競争力強化ではなく、政府の予算に依存する限界企業だけを量産している」としています。

売上の50％を「専門企業」とすると、実績が無くても、事業内容を適当に変えれば、支援が受けられます。これが、限界企業を量産、及び延命させる「餌やり」になってしまった、という指摘です。その結果、限界企業（3年間ゾンビ）が4年間で2倍になった、と。国産化ではなく、妙なところで量産に成功したわけです。

●素部装専門企業の「ゾンビ企業」が大幅に増えた理由

〈……グォン・ミョンホ「国民の力」議員が7日、産業資源通商部などから受け取った「素部装専門企業のゾンビ企業の現況」資料によると……2019年、日本の輸出関連措置以後、政府は莫大《ばくだい》な予算を編成したが、このような政府の事業の成果は、まだ疑問だという指摘である。政府の素部装産業支援事業が、関連分野に大した影響を与えることはできず、むしろ政府予算に依存するゾンビだけ量産したという意味だ……政治的に「素部装、日本からの独立」などを叫んで「速度戦」を強調しながら、予算支援の検証および成果の管理が不十分だったからだ。特に、政府の支援が増えた2019年から素部装専門企業のゾンビ企業が大幅に増えたのは、競争力のない企業が政府予算で延命している側面が大き

いというのが、グォン議員側の説明である……〉

ちょうど壮大なオチもついたことですし、そろそろ次の話に移りたいと思います。

第六章　「中国依存」経済の限界

●「チャイナブーム」の恵沢《けいたく》をもっとも強く受けた韓国

中国と韓国の貿易構図が、逆転しつつある、またはすでに逆転しています。いままでは、韓国が黒字、中国が赤字という構図でした。それが、2分期連続（2022年4～6月、7～9月期）で韓国のほうが赤字になり、10～12月期も赤字が有力視されています。新型コロナ、急激に動く為替レート、金利の影響など変数が多すぎて、すでに逆転なのかそれとも一時的な現象なのかは言い切れませんが、少なくとも逆転の「流れ」が相当進んでいることだけは、間違いでしょう。

最近、韓国の貿易赤字が大きな話題になっています。内需経済が大きく、海外に多くの資産を持っている日本とは違い、韓国は貿易収支に頼っている部分が大きいためです。2022年、韓国の貿易赤字は500億ドル規模と予想されています。年間貿易赤字はリーマン・ブラザーズ事態などがあった2008年以降、14年ぶりのことで、しかも、1956年に関連統計を作成して以来、最大の赤字です。その理由の一つが、対中貿易が赤字に転落したからです。

少なくとも経済破綻（IMF期）以降の韓国の経済発展は、二つの単語で集約できます。

「貸出」と「中国」です。韓国経済は、内部では借金、外部では「中国の経済成長」とともにありました。いわゆる「チャイナブーム」の恵沢《けいたく》をもっとも強く受けたのが、韓国ではないでしょうか。そのブームが、終わりを迎えようとしています。

すでに2022年夏頃から、一部の経済メディアが「ついに来るはずのものが来た」「長いスパンで考えると、すでに流れは逆転してしまった」とこの件を報じています。単に赤字になったか黒字になったかではなく、中韓の貿易構造そのものが問題だというのです。予想できなかった変数（新型コロナなど）もあるにはあるものの、中国はもうわざわざ中間財などを韓国から輸入する必要がなくなったこと。それがもっとも大きな理由だと、各紙は指摘しています。

〈……もっとも大きいのは、中国政府の内需強化政策が、輸入に依存していた中間財を自国産製品に置き換える効果を出している点だ。半導体など、先端産業の育成のために、中国が国産化を推進しているのも、両国間の貿易収支に影響を与えている。チョン・インギョ、インハ大学国際通商学科教授は、「私たちが中国に中間財を輸出し、（※中国で最終消費財を作って）中国が米国に輸出する仕組みが、もう機能しなくなった」と指摘した。

貿易協会が去る18日発表した「最近の対中国貿易収支診断」報告書によると、半導体製造用装備において中国の国産化率は、２０２１年末に21％だったが、今年１～６月には32％まで上昇した。これにより、韓国の対中半導体製造用装備の輸出は、１～６月基準で前年同期より51・９％も減少した。韓国産装備を、中国が自国産製品に置き換えているのだ。このような傾向は、過去30年間維持してきた、「韓国が中間財を中国に輸出して、中国が完成品を世界に売る」という両国間の貿易構造がもう変わった可能性を示唆している……〉

（「マネートゥデイ」／２０２２年８月22日）

●日台、日米台「半導体」協力などを根拠に、「韓国が蚊帳《かや》の外」

日本から「国産化」するためにお金をばら撒《ま》いたものの、ゾンビだけ増えてしまった韓国。しかし、中国は韓国などから国産化するための投資が、実を結びつつあるわけです。これは、装備だけではありません。「聯合ニュース」（２０２２年12月５日）が、韓国が主力としている半導体のメモリー分野においても、中国と「逆転」が起きつつあると報じました。

産業研究院（ＫＩＥＴ）が出した報告書によると、２０２１年の半導体産業の総合競争力は米国（96点）、台湾（79）、日本（78）、中国（74）、韓国（71）、EU（66）の順です。その前年の調査では、韓国が中国より上でした。韓国はメモリー半導体分野では87点で高い競争力と評価されましたが、システム半導体分野では63点にすぎません。

「聯合ニュース」は、ファウンダリー分野では台湾、TSMCの台頭が目立っていて、いまのところファウンダリー分野で韓国が台湾に勝つのは容易ではないと分析しています。

また、他にも多くのメディアが、日本政府の支援のもとに熊本に予定されているTSMCの工場など、日台、日米台半導体協力などを根拠に、「韓国が蚊帳《かや》の外にあるのではないか」という懸念を記事にしています。

素材・部品・装備面で強い日本と、ファウンダリー分野で強い台湾が手を組むこと。それは、日台だけでなく、グローバルサプライチェーンをフレンドリー優先（自陣営優先）で再編成しようとしている米国の動きとも一致するものだからです。「経済を中国に依存しているため、どうしても対中牽制に積極的に参加できない」韓国の立場からすると、それは決して望ましいものではありません。一方、韓国の主力であるメモリー分野は、中国が天文学的な資金を注ぎ込んで人材を引き抜いて技術開発を進めており、すぐにでも追いつかれるのではないか、という危機感が高まっているのです。

●韓国の最大半導体市場・中国は、もはや「競争」相手に変化

〈……DRAMの場合、前よりも業界間の技術差が急激に縮まっており、サムスン電子とSKハイニックス、マイクロンなど3強が14ナノ級プロセスに留まっており、技術的な限界を超えないかぎり、追い上げてくる中国から逃れるのは難しいと予想される。半導体産業構造上、多数の半導体源泉技術を保有した米国と、韓国の半導体輸出額の40%を占める中国の間で、どちらか片方に路線を定めることも難しい状況だ〉（「聯合ニュース」）

〈……韓国が強みを持ったメモリー半導体部門では、中国のNANDフラッシュメーカーであるYMTCやCXMTのようなメモリー半導体メーカーが本格的な量産体制に入った。最近は米国の半導体関連措置で、韓国メーカーとしては一息つけるようになった。しかし、アップルが、米国の輸出関連措置により保留はしたものの、iPhone14からYMTCのNANDフラッシュ搭載を推進していた点は、安心できない理由の一つだ。米中競争の激化と同時に、中国の半導体構築努力も強化されつつあり、現在韓国の最大半導体市場である中国はもはや「競争」相手に変化している。半導体投資専門家イ・ビョンドク SL

キャピタル理事は、「いま、私たちの企業も、中国を単に製品輸出市場だけで見ていては、中国企業との競争で生き残るのは難しいだろうと思う」と強調した〉

（「聯合ニュース」／同日の別記事）

韓国政府は、対中貿易の赤字は、一時的な現象、またはどうしようもない外部要因（新型コロナなど）によるものだとしています。それは、部分的には間違いないでしょう。しかし、いままでのように「中国依存」で発展する経済は、もう限界を迎えている、またはすぐに限界を迎えると見るべきでしょう。しかも、「借金依存」で発展してきた経済が限界を迎えるのと、ほぼ同じタイミングで。

経済的に中国に依存してきたことで、韓国は「自由で開かれたインド太平洋」など、日米のような対中政策に消極的でした。最近になってやっと日米韓協力を強調するようにはなりましたが、その対象はあくまで北朝鮮であり、中国関連では大きな声が出せないでいます。これはこれで、民主主義陣営の流れからどんどん遅れをとるという形で「返済」してきた、借金だったのではないか。そんな気もします。

第七章　韓国は「政府債務」もやばい

●「ソフトカレンシー」と「ハードカレンシー」

次に政府債務ですが、韓国政府のGDP比政府債務は、54・1%です。民間（個人・法人）が債務を負う形で政策を取ってきたこともあり、韓国の政府債務はそこまで問題になるレベルではありません。ただ、これについて、一部では「先進国と比べるのではなく、ローカルカレンシー国家としての政府債務比率を考えるべきではないのか」という指摘が出ています。ローカル、または「ソフトカレンシー」とは、外国為替市場において影響力が弱く、他国の通貨と自由に交換できない通貨のことです。円やユーロはもっと影響力がある、国際市場で他国の通貨と交換できるため、「ハードカレンシー」と言います。

「聯合ニュース」（2022年10月30日）は、「ハードカレンシーでない通貨の国の場合、そもそも通貨の信用そのものがハードカレンシーとは違うので、政府債務を50%ぐらいで調整するのが一般的だ」、としています。記事は、IMFが先進国クラスと分類した35カ国のうち、米ドル、ユーロ、日本円、英ポンド、豪ドル、カナダ・ドル、スイスフランを通貨とする国を除外した11カ国を挙げています。韓国、チェコ、デンマーク、香港、アイスランド、イスラエル、マルタ共和国、ニュージーランド、ノルウェー、シンガポール、スウェーデンのことだそうです。

ハードカレンシーを持つ（またはメイン通貨とする）国ではなく、これら10カ国で比べるのが現実的だというのです。これら11カ国の政府債務平均は、ＧＤＰ比53・５％。韓国がこれらの国の平均を超えたのは、２０２２年が初めてです。

●韓国政府の債務が右肩上がりで11カ国平均を超える

〈……（※韓国以外の10カ国は）経済危機の状況では、財政政策を緩和し、それで政府債務比率が増えて50％台まで上がれば、国内財政に転換して40％台まで下げる動きを、周期的に繰り返してきた。一方、韓国の政府債務は、２０１１年に33・１％を記録した後、持続的に右肩上がりだった。２０１５年40％台を初めて突破（40・８％）し、６年後の２０２１年、50％台（51・３％）に入った。他の10カ国の政府債務比率は周期的に上下しながらも平均を維持するラインを描いているのに、韓国政府の政府債務だけが右肩上がりで、結局、韓国政府の債務が11カ国平均を超えてしまったのだ。この現象は、特段の措置がない限り、克服されない構造だ。

ＩＭＦは、11カ国の政府債務比率が今年53・5％から、２０２７年50・2％に、5年間で3・3％ポイント減少すると見た。同期間、韓国政府の債務比率は54・1％から57・7％に、むしろ3・6％上昇すると見た。韓国と他の10カ国との政府債務比率の格差は、２０１１年基準だと韓国が21・5％ポイント（11カ国54・5％・韓国33・1％）低かった。２０２２年に初めて韓国が0・5％ポイント高くなったあと、２０２７年には7・5％ポイントまで格差が広がる見通しだ〉

（「聯合ニュース」）

家計債務もそうですが、政府債務もまた、増加スピードこそが最大の問題ではないでしょうか。ちなみに、企業債務も、増加速度で見ると韓国は世界2位です（1位はベトナム）。

第八章　韓国特有の賃貸システム

●「まわしてふせぐ」（ローンでローンを返済する）大家

韓国では、家や部屋を借りる「ウォルセ（月貰）」と、「チョンセ（伝貰）」の二つのシステムがあります。月貰は他の国にも普通にある、月々の家賃システムです。伝貰は、チョンセ保証金（以下、保証金とします）を大家に預けて、家を借りるシステムです。普通は2年間の契約で、保証金はあとでそのまま返してもらうことになります。保証金の額は、一時は住宅価格の約30％でも可能でしたが、最近は60％、地域によってはそれ以上の保証金が必要です。

この伝貰の保証金は、ほぼデータがありません。「個人間の取り引き」であるため、債務として国が統計を出さないためです。もちろん、家計債務データにも含まれていません。個人間の貸し借りであるのは間違いないし、そもそも集計そのものが現実的に難しいこともあって、家計債務としてカウントされないのも分かります。

ただ、約1000兆ウォンにはなると言われるほど規模が大きく、また、もともと伝貰は「大家が入居者（家を借りた人）から保証金という名目でお金を借りて（預かって）、その利子を払わないで、代わりに入居者から月々の家賃をもらわない」の意味であるため、韓国独特の債務として何かの統計が必要だという指摘はあります。

余談ですが、保証金も入居者が金融機関からローンで借りた場合が多いので、保証金1000兆ウォンを家計債務に入れたとしても、そのまま1000兆ウォンがプラスされるわけではありません（入居者が金融機関から借りるときに家計債務としてカウントされるため、二重集計となる）。

経済状況にもよりますが、保証金はあとで返してもらえるし、大家としては投資資金が手に入るので、韓国の高度経済成長期を支えた、庶民の味方的なシステムでもあります。本格的に普及したのは1970年代、家族単位で都市（ソウル）に移住した人たちにとっては、特に大きな存在でした。高度経済成長期には、大家はその保証金を預金することでも結構な利子を得ることができたし、人によっては、その保証金に銀行から借りたお金を加えて、家をもう一軒買うこともできました。

でも、時代の流れとともに、伝貰システムの問題点も浮き彫りになってきました。いろいろありますがもっとも重要なのは、大家がその保証金で、短期間で（普通は2年契約です）、ちゃんとした利益を残すことが出来なくなりました。また、預金するだけではほとんど利益が出なくなったので、保証金を使ってしまう大家はどんどん多くなりました。いまでは、「新しい入居者が来ないと、前の入居者が預けた保証金を返す方法がない」が普通になっています（新しい入居者から保証金をもらって、前の入居者の分を返す）。韓国の家計債務では、よく「まわしてふせぐ（ドリョマッキ）」（ローンでローンを返済する）」が話題になりますが、大家とて例外ではなくなったわけです。

●「金利上昇」で新たな問題が浮上

それに、最近、金利がまた上昇し、新しい問題が二つ発生しました。一つは、家の価格が下がったことです。伝貰保証金は、一般的に、家の価格と連動します。それに、ある程度の資産をすでに持っている人でないと、入居者は保証金をローンで用意することが多いので、金利が上昇していると、保証金を下げないと、新しい入居者が来ません。

こうなると、「新しい入居者からもらって前の入居者の分を返す」ことができなくなります。もう一つの問題は、すでに伝貰で入居していた人たちが、月貰に転換する流れができています。保証金の金利負担が高くなり過ぎて、「これなら、いっそのこと月々払うほうが安く済む」と判断するようになったわけです。

実際、２０２２年下半期には、伝貰保証金のために組んでいたローンを、早期に返済する人が増えてきました。伝貰は、ローンを急に返済できるほどの余裕のある人たちが選ぶシステムではありません。これは、伝貰契約が満了しても延長せず、そのまま大家から返してもらい、金融機関に返済したと見るべきでしょう。大家としては、返さないわけにもいきませんが、手元に返せる金は残っていません。新しい入居者が来ないと、大家か入居者か、どちらかが大変困ることになります。

結局は大家が金融機関から借り入れるしかありませんが、最近は金融機関とて貸し出しの条件を（金利が上がるとちゃんと返済できない人も増えるため）厳しくしているので、容易ではありません。

●大家の11％は金融機関からローンを受けないと保証金が支払えない

そんな現実を反映しているデータがあります。２０２２年12月22日に韓国銀行が出した金融安定報告書によると、伝貰保証金が２０２１年より10％下落すると、大家の11％は、新しく金融機関からローンを受けないかぎり、入居者に保証金を返すことができなくなる、との予測を出しました。伝貰は、韓国では中産階級・庶民の暮らしを支える制度であるだけに、同日の「聯合ニュース」など複数のメディアが、この件を大きく報じました。ここで特に注意すべきは、記事で言う「大家が新しくローンを受けて用意する」というのは、返す保証金全額ではなく、「下落分（10％分）」のことです。こんな状態で、下落分はともかく、保証金全額をちゃんと返せるのかどうか。個人的には、「全員ではないにせよ、かなり難しいのでは」と思っています。

〈……伝貰価格の下落が続き、大家の11％は金融機関からローンを受けないと伝貰保証金（※の下落分）を返すことができないと推定された。一部の大家は、金融資産を処分してローンを受けても、下落分を完全に返すことも難しいと分析された。韓国銀行は22日に出した金融安定報告書に、「最近の住宅伝貰市場の状況変化が家計債務の健全性などに及ぼす影響」を分析した。最近、住宅価格とともに伝貰価格（※保証金のこと）も6月から下落転換し、その幅も拡大している。一方、ウォルセ（月貰）価格は上昇を続けている。伝貰・月貰のうち、前者の比重は2019年59・9％から2020年59・5％、2021年56・5％、今年1～9月には48・2％に下がった……〉

……伝貰価格が短期間で急落した場合、入居者の一部が保証金の返還に困難を経験する可能性も高くなる。韓銀が2021年家計金融福祉調査データを活用し、チョンセ価格下落の場合の返還能力をチェックした結果、チョンセ金が10％下落した場合、大家の85・1％は金融資産を処分すれば保証金の下落分を用意できると推定された。しかし、11・2％は金融資産の処分とともに金融機関からの借り入れが必要だと分析され、3・7％は金融資産の処分および追加で借り入れても、下落分を用意することは難しいことがわかった〉

（「聯合ニュース」）

●補償金を返してもらえなかった人たちの末路

引用記事のデータは2021年のデータをもとに作成されたとのことですが、それなら、「10％下落」はもう起きているのではないか、そんな気もします。実際、2022年11～12月あたり、保証金関連でのトラブルが、各メディアでよくニュースになりました。もともと、保証金は「個人と個人の問題」とされるため、些細《ささい》な件はニュースにもなりません。これらは、数十人、数百人単位で起きたトラブルです。

「聯合ニュース」の伝貰問題関連記事シリーズから一つ紹介しますと、マンション1棟60世帯を全部買って、それを全部伝貰で出していた大家が、借金返済に行き詰まり、58世帯分がオークション行きになる事件がありました。推測ですが、そのマンション1棟も、伝貰保証金をもらって、それを投資して新しい家を購入する、そんなパターンを繰り返して用意したものではないでしょうか。

〈……A（43歳）氏は2021年7月30日、仁川《インチョン》市～（※地名と名称は省略します）～にあるマンションに、2年間の伝貰契約を結んで、引っ越した。周辺より価格も安く、1棟全てが伝貰で住む人たちだったので、安心していた……しかし、9月、郵便箱から、A氏が住む家がオークション開始となる関連郵便物を発見した。オークションにかけられたのはAさんが住む家だけではなかった。同じマンション60世帯のうち58世帯が、9月から順番に任意オークション行きとなり、7世帯はすでに落札された。マンション全世帯を所有した大家が、銀行から受けた住宅担保ローンを返済せず、税金も滞納し、マンションの大多数の物件がオークションにかけられたのだ〉（「聯合ニュース」／2022年12月21日）

58世帯のうち、保証金を返してもらえた世帯はありません。「個人間のこと」とされるため、家がオークションで売られても、税金や金融機関の分の回収が優先され、個人間取り引きとされる保証金まで返してもらえることはほとんどありません（この問題は政府レベルで何度も改善すべきと論が起き、現政権でも同じですが、本書の原稿が完成するまで具体的な動きはありません）。A氏は保証金もローンで受けたものだったので、毎月150万ウォンを金融機関に返済している、とも。個人的に、家族みたいに仲良くする大家と入居者も見てきましたが、これでは完全に詐欺です。

10月には、約1000軒のヴィラを所有し、伝貰で運用していた、別名「ヴィラ王」と呼ばれる人が、病死したまま発見され、多くの入居者が保証金を失うこともありました。ヴィラは別荘のような形の住宅を意味しますが、韓国では（日本で言う）「アパート」のようなものをそう呼びます。数十人、数百人が被害にあった、似たような事例が他にも複数報じられており、なかには大家が自殺した件もあり、伝貰運用では借金を返済できなくなったのではないか、という推測が共通しています。

終章　そのお金はどこから来たのか？

●「高金利だけど、貸し出しを受けてマンションを買ってください」政策

時間が経つのもページが経つのも早いですね。本書は、もう「おわりに」に入る頃になりました。さすがにこの人類史に前例のない「民間の借金による経済」を、いまの尹錫悦《ユンソンニョル》政権だけの責任だとすることはできません。不動産プロジェクト・ファイナンスだけでも、規模が大きくなりすぎて、止めることができません。家計債務も、もう完全に自転車操業状態ですので、下手すると民間経済そのものが崩れます。

それに、なにかをやろうとしても、経済関連政策がちゃんとした評価を得るには時間がかかるものですが、韓国の大統領は5年だけ（大統領単任制、重任を含め、同じ人が2回以上大統領になることはできない）です。それに、レゴランド事態の部分にも少し書きましたが、政権交代でもあったら、前の政権がやってきたことを否定しないと支持率が上がらない社会構図（政治家も国民も、政治思想で極端に二分され、お互いを敵視している）であり、長らく続く政策そのものが存在できません。

でも、そんなことを考慮するとしても、尹政権の経済政策を褒めることはできません。それは、基本的に「バラマキ」です。ダメージを覚悟するという側面はありません。新型

コロナ関連で行っていた「満期や返済を保留する」政策も、もともとは予定通り2022年9月に終了すると話していました、結局は延長となりました。それに、いまのような金利上昇期に、「高金利だけど、貸し出しを受けてマンションを買ってください」という路線の政策を打ち出しています。

この政策の基本方針は金大中《キムデジュン》政権から続いたものではありますが、それは、基本的に低金利のときに効果を発揮してきました。でも、いまは金利が上昇しています。韓国の金融は、米国との金利差を黙認するほどの実力はありません。米国のほうが韓国より金利が高い状態が続くと、韓国内の外貨が流出することになります。いわば、「金利を上げる」というより「金利を上げるしかない」状態で、このような政策で本当に効果が期待できるのか。多くの専門家は疑問を提起しています。

●尹政権の関連政策の核心の一つ

本書の初頭の部分にも書きましたが、バブル崩壊後の日本の場合は、政府が債務を負う形になりました。いまでも続いている、政府債務に対する議論がここから始まりました。

政府からすると債務だが、債券所有者のほとんどが日本の個人・機関などで、同時に日本の資産でもあるという見方などがそうです。韓国は、ＩＭＦ救済金融を受け、その衝撃から回復するため、個人債務を負う形になりました。いまでも続いている、家計債務に対する議論の始まりです。歴代政権も、積極的に不動産価格調整を目指すとしていましたが、さて、どうでしょうか。

結果的に、そううまくは行きませんでした。力不足という側面ももちろんありましたが、それらが経済を支える、ＧＤＰを引き上げる効果があったので、ある程度は容認する、または抜け道を黙認してきたのではないか。私はそう思っています。いまの尹政権も、その点では同じでしょう。

尹政権の関連政策の核心の一つは、現在住宅を所有していない・または新しい住宅を買うと既存の住宅を処分すると確約する人に限って、ＬＴＶ（Loan To Value ratio・総資産有利子負債比率）を緩和する案です。不動産の投機が過熱していると判断されている地域では、その過熱のレベルによってＬＴＶを20％～50％まで制限していました。これを全て50％にする、というものです。

たとえば、ＬＴＶが40％というのは、５億ウォンの住宅を購入するためにローンを受けるとき、その住宅を担保にして2億ウォン（住宅価格の40％）までローンを受けることができるという意味です。それが、もう2億5000万ウォン（50％）まで受けることができます。

まず、この高金利の時にそれをやるか、というのが疑問ですが、それだけでなく、序章、一章で詳述したDSR（所得のどれくらいを債務返済に使っているかの比率）40％、すなわち「返済すべき元利金は、所得の40％まで」という制限はそのままです。これは段階別にいろいろありますが、2022年から最高段階の3段階が適用中で、ローン金額が1億ウォンを超える場合は全員に適用されます。ただ、第2金融圏は50％、第3金融圏（貸付業者）には適用されません。また、チョンセ（家を借りるシステム）保証金、マンション購入の中途金（契約金と残金の間に支払う金額）のためのローンなどには適用されません。

●24億ウォンを借りて27億ウォンのマンションを買ったヨンクル

このDSRは、つい2020年まではそこまで広く適用されませんでした（一部地域の一部の不動産にだけ適用されていました）。もともとは2022年に2段階（2億ウォンまで）、2023年に3段階（1億ウォンまで）を適用する予定でしたが、それぞれ1年前倒しになりました。家計債務に対する最後の手段とも言われていますし、趣旨そのものは問題ありませんが……導入が遅すぎたのではないか、という声もあります。

特に、信用ローン（担保無し）にも適用されるため、多くの人たちを第1金融圏から第2へ、第2から第3金融圏へ追い出す結果になっただけではないのか、そんな指摘もあります。先の上限金利もそうでしたが、現在の「借入金で借入金を返済する」状況で、DSRを強化するのが本当に効果があるのか、それに、そのDSRを40％にしたまま、LTVだけ50％にしたからって、これを誰が喜ぶのか、とも。

それに、このように規制の強化や緩和を繰り返しても、それが「現実」で効果を出すのか。それが問題です。尹政権の関連政策を評価するにはまだまだ時間が必要でしょうけど、現実は、もう政策などどうでもいい世界をさまよっている人たちで溢れています。

あえて「極端な事例」である点を前提にして、あるヨンクルの話を紹介します。各種規制を嘲笑うかのように、24億ウォンを借りて27億ウォンのマンションを買った40代ヨンクルの実話です。

さすがに韓国メディアも呆れたのか、それとも「もうここまできたのか」と悪い意味で感嘆でもしたのか、複数のメディアがこの件を報じました。「韓国経済」（2022年12月19日）は、「ヨンクル最後の王（ブームの最後に現れる、極めし者）」ではないのか、と書いています。そのマンション、利子負担など様々な「圧」にたえられず、さすがにどうしようもなくオークション行きとなり、いまは17億5000万ウォンまで価格が下がったけど、それでも買う人が誰もいない、とも。

●「個人と個人の取り引き」によるローンの巨大化

各記事は共通して、このヨンクル王は貸付業者と、P2P（peer to peer）、すなわち「個人と個人の取り引き」によるローンでお金を借りることができた、と指摘しています。貸付業者はもともと規制の対象にも入っていないし、データを第1・第2金融圏の金融機関と共有しないところが多いです。P2Pは、意味は個人間の貸し出しとなっていますが、実は組織的（会社の形を取っている）なものです。こちらも伝貰保証金と同じく、金融機関ではない「個人」への貸し借りを仲介するような形を取るので、あくまで表面的には「個人間の貸し借りなので、家計債務ではない」ということになっています。

ちゃんとした機関、マスコミ記事などが無く、データも曖昧《あいまい》すぎて本書では詳しくは取り上げていませんが、最近の家計債務問題を背景に、一部のP2P組織はかなり巨大化している、とも言われています。

〈……オークションに出てきたソウルの銀馬アパート（ウンマ・マンション）が、24億ウォンの融資を動員したヨンクルのものであることが確認された。家計債務対策を迂回《うかい》するため、マンション価格の88％を貸付業者から調達しており、「ヨンクル最後の王」ではないのかという指摘まで出ている。市場では、このような手段を活用したヨンクル物件が、来年あたりからオークション市場に溢れるのではないかとも観測している……19日、オークション業界によると、15日に流札となったウンマ・アパート専用面積84㎡は、昨年9月、40代のA氏が住宅価格（27億ウォン）の88％に達する24億ウォンを貸付業者から借りたものだという。

A氏は、貸出制限を迂回するため、貸付業者から貸し出しを受けて残金を払った後、他の貸付業者に乗り換えた。しかし、それから3カ月間利子を返済することができず、5月、任意オークション手続きに入った。正確な利子は分からないが、年10％だけみても、毎月払わなければならない利子だけで2000万ウォンを超えていただろうと思われる。オークション業界では、来年からこのようなヨンクルの異常な融資を活用した影の物が注がれるだろうという話が出ている。貸付業者、個人間貸出（P2P）業者などを通じて規制を迂回した物件が多いからだ……関係者は「ソウル江南《カンナム》などはP2Pなど迂回ローンを受けるのが当たり前になっている」とし、「こうしたローンは、市中銀行の住宅担保ローン金利が年2％台だったときにも、年8～9％水準の高金利だった。影響はかなり大きいだろう」と話した〉

（「韓国経済」）

●膨《ふく》れ上がる不動産金融資産の「エクスポージャー」

ヨンクル王の話を読んで、もう「政策」に意味があるのか、そんな気がしました。もはやその社会の「柄」そのものになってしまったのではないか、と。最初にも前提として書きましたが、本書は「○月○日に韓国経済は破綻するであろう」とする予言書ではありません。ただ、広く、深く、そして長く、本書の内容は韓国という国を生きる人たちの生活に、重い影を落とすことでしょう。

「住宅価格が上昇していたので、最近の価格下落はその調整であり、ハードランディングの兆しなどではない」という意見も出ていますが、本当にそれだけでしょうか。その分、不動産金融資産のエクスポージャー（価格変動などいくつかの要因により、リスクにさらされていること）が膨《ふく》れ上がっています。そのリスクはすでにＧＤＰを超えており、調整という名で簡単に消えたりはしないでしょう。

本書でも何度かソース資料として出てきた「韓国銀行の金融安定報告書」の内容ですが、２０２２年９月末基準（10月、11月の金利引き上げ分は反映されていません）で、韓国の不動産金融エクスポージャーは２６９６兆６０００億ウォンで、名目国内総生産ＧＤＰの１２５・９％です。

実はこれ、数年前にも同じ現象が起きて、２０１９年末に２０４７兆５０００億ウォンまで膨れ上がり、専門家たちの警告が相次ぎました。しかし、それから新型コロナなどの理由で低金利・金融緩和政策（ローン満期延長や返済保留）環境となり、利子負担が減ったことで警告は無視され、さらにエクスポージャーが増えました。韓国銀行は不動産金融エクスポージャーの増大を、「高い民間信用」と、「非銀行金融機関の復元力が低下している」などをその理由としています。本書でメインで扱った、「家計債務・企業債務が多すぎる」と「非銀行（第2金融圏など）の脆弱《ぜいじゃく》さ」のことです。

●そのお金はどこから出てきたのか？

韓国の借金経済、すなわち民間債務のことは、韓国にいたときからずっとブログや本に書いてきました。そのためにも結構な数の記事など関連資料をヨンクルして（掻き集めて）読んでみましたが、そのなかで、特に記憶に残っている、いまの韓国経済の本質をもっとも的確に表しているものを「二つ」紹介して、この重い話を終わりにしたいと思います。

一つは、「そのお金はどこから出てきたのでしょうか」。もう一つは、「自分の能力値を超えてしまいました」です。それぞれ、2013年3月24日KBSで放送された「アパート（日本で言うマンション）の逆襲」というドキュメンタリー番組と、2022年11月11日韓国のローカルメディア「嶺南《ヨンナム》日報」に載った、大邱《テグ》カトリック大学のチョン・ガンス経済金融不動産学科教授の寄稿文に出てくる言葉です。

どちらも、考えてみればすぐ分かる内容です。前者は、IMF期以降、金大中《キムデジュン》政権から始まった「借金してマンションを買ってください」政策と、その副作用について論ずる番組です。その番組のナレーターが問いかける、実にシンプルな疑問です。

「(マンションや再開発など、不動産関連のブームには、作るほうも買うほうも、多くのお金が必要だとする意味から）ＩＭＦ期の直後、私たちはとても苦しい状況にありました。あれだけの大金、いったいどこから出てきたのでしょうか？」

そう、それは借金でした。それを自覚できているのか。それが番組のメインテーマでした。

もう一つ、チョン教授は、「一言で、自分の能力値を超える価格の家を購入したことによる、キャッシュフローのオーバーが問題です」と話しました。これも、本当にその通りですが、なぜでしょうか。ローカルメディアまで範囲を広げないと、このような主張を見つけることはできません。

教授は、ほんの数カ月前まで、マンション価格の高騰が収まる兆しなど無かったのに、突然状況が変わって、マンション取り引きはどこにも見当たらないし、地方都市だけでなく、ソウルのど真ん中でも価格が下がってきた現象を説明しながら、「市場状況の反転速度が速すぎる」、と指摘しています。不思議なほど速い、一体なにが起こったのか、と。

市場を変えるほどの不動産政策があったわけでもないし、一攫千金を狙ってヨンクルした人たちがこんなに多いのに、なぜここまで急に変わってしまうのか。この速さだと、家の元利金の返済に苦しむハウス・プアが量産されてしまい、「不動産発の金融危機が発生するしかない」、と警告しています。そして、その「なぜ」の答えとして、このように見解を述べました。

●韓国の借金経済の行く末

〈……まず、「勝者」になりたくて、過ぎた費用を支払ったからだ。いままで数年間、不動産市場は、価格が上昇しているにもかかわらず需要が増加するという、不自然なことが発生していた。人々がどんどん高価な家を買い入れる理由は、将来的に価格がさらに上がると思っているからだ。このお金、あのお金とできるかぎり掻き集めて、自分の能力値を超えて、高価な家を買い入れた。その場合、すぐにキャッシュフローの影響を受ける。購入した住宅の価格が高いほど、この影響は大きくなる。住宅価格が上がるときは、差益を期待して耐えることもできるだろうが、いつまでも耐えることなどできない……もし、いまが金利を急に上げなくてもいい状況だったなら、不動産市場はソフトランディングも出来るかもしれない。しかし、現状はそうではない。現政権は、不動産関連の制限と課税を緩和する方向で対処しようとしているが、金利引き上げの影響があまりにも強いため、ソフトランディングできるとは思えなくなった〉

（「嶺南日報」）

どこまでハードなランディングになるのか。そして、いままで当然のこととして「借金」に頼ってきた経済が、これからどう変わるのか。変わることはできるのか。さあ、どうであれ、「そのお金がどこから出てきましたか？」と「能力値を超えていませんか？」をちゃんと受け止めて、理想の優秀な自分よりは現実を生きていく自分を自覚しないかぎり、不動産でも少子化でも社会葛藤でも、「ヨンクル」は終わらないことでしょう。

デザイン／小栗山雄司
photo／getty images

シンシアリー(SincereLEE)

1970年代、韓国生まれ、韓国育ちの生粋の韓国人。歯科医院を休業し、2017年春より日本へ移住。母から日韓併合時代に学んだ日本語を教えられ、子供のころから日本の雑誌やアニメで日本語に親しんできた。また、日本の地上波放送のテレビを録画したビデオなどから日本の姿を知り、日本の雑誌や書籍からも、韓国で敵視している日本はどこにも存在しないことを知る。アメリカの行政学者アレイン・アイルランドが1926年に発表した「The New Korea」に書かれた、韓国が声高に叫ぶ「人類史上最悪の 植民地支配」とはおよそかけ離れた日韓併合の真実を世に知らしめるために始めた、韓国の反日思想への皮肉を綴った日記「シンシアリーのブログ」は1日10万PVを超え、日本人に愛読されている。初めての著書『韓国人による恥韓論』、第2弾『韓国人による沈韓論』、第3弾『韓国人が暴く黒韓史』、第4弾『韓国人による震韓論』、第5弾『韓国人による嘘韓論』、第6弾『韓国人による北韓論』、第7弾『韓国人による末韓論』、第8弾『韓国人による罪韓論』、第9弾『朝 鮮半島統一後に日本に起こること』、第10弾『「徴用工」の悪心』、第11弾『文在寅政権の末路』、第12弾『反日異常事態』、第13弾『恥韓の根源』、第14弾『文在寅政権最後の暴走』、第15弾『卑日』、第16弾『尹錫悦大統領の仮面』(扶桑社新書)など、著書は70万部超のベストセラーとなる。

扶桑社新書 456

韓国の借金経済

発行日 2023年3月1日　初版第1刷発行

著　　者………シンシアリー
発 行 者………秋尾 弘史
発 行 所………株式会社 扶桑社
〒105-8070
東京都港区芝浦1-1-1 浜松町ビルディング
電話 03-6368-8870(編集)
03-6368-8891(郵便室)
www.fusosha.co.jp

DTP制作………株式会社 Office SASAI
印刷・製本………中央精版印刷 株式会社

Printed in Japan　ISBN 978-4-594-09390-7

シンシアリー　好評既刊!

第１弾　『韓国人による恥韓論』

第２弾　『韓国人による沈韓論』

第３弾　『韓国人が暴く黒韓史』

第４弾　『韓国人による震韓論』

第５弾　『韓国人による嘘韓論』

第６弾　『韓国人による北韓論』

第７弾　『韓国人による末韓論』

第８弾　『韓国人による罪韓論』

第９弾　『朝鮮半島統一後に日本に起こること』

第10弾　『「徴用工」の悪心』

第11弾　『文在寅政権の末路』

第12弾　『反日異常事態』

第13弾　『恥韓の根源』

第14弾　『文在寅政権 最後の暴走』

第15弾　『卑日』

第16弾　『尹錫悦大統領の仮面』